帛書道德經

帛书版·全注全译全解

（春秋）老子 著

长风 注译

台海出版社

图书在版编目（CIP）数据

帛书道德经 ／（春秋）老子著 ；长风注译 . -- 北京 ：
台海出版社，2024．10． -- ISBN 978-7-5168-3965-2
Ⅰ．B223.12
中国国家版本馆 CIP 数据核字第 20243XK559 号

帛书道德经

著　　者：（春秋）老子　　　　　注　　译：长风

责任编辑：俞滟荣

出版发行：台海出版社
地　　址：北京市东城区景山东街 20 号　　　　邮政编码：100009
电　　话：010-64041652（发行，邮购）
传　　真：010-84045799（总编室）
网　　址：www.taimeng.org.cn/thcbs/default.htm
E-mail：thcbs@126.com

经　　销：全国各地新华书店
印　　刷：天津市天玺印务有限公司
本书如有破损、缺页、装订错误，请与本社联系调换

开　　本：710 毫米 ×960 毫米　　　1/16
字　　数：233 千字　　　　　印　　张：25.5
版　　次：2024 年 10 月第 1 版　　印　　次：2024 年 10 月第 1 次印刷
书　　号：ISBN 978-7-5168-3965-2

定　　价：88.00 元

帛書道德經

韓永生

注译者简介

注译者：长 风

本名张玉波。历史研究者，奉行"独立之精神，自由之思想"。致力于以现代公民视角诠释中国历史，探寻历史书写方式。

著有《流氓与贵族：秦汉风流八十年》（包括台湾远流繁体全文版）、《那时的自由：字缝里读出来个秦汉史》、《匈奴简史》等。现居深圳。

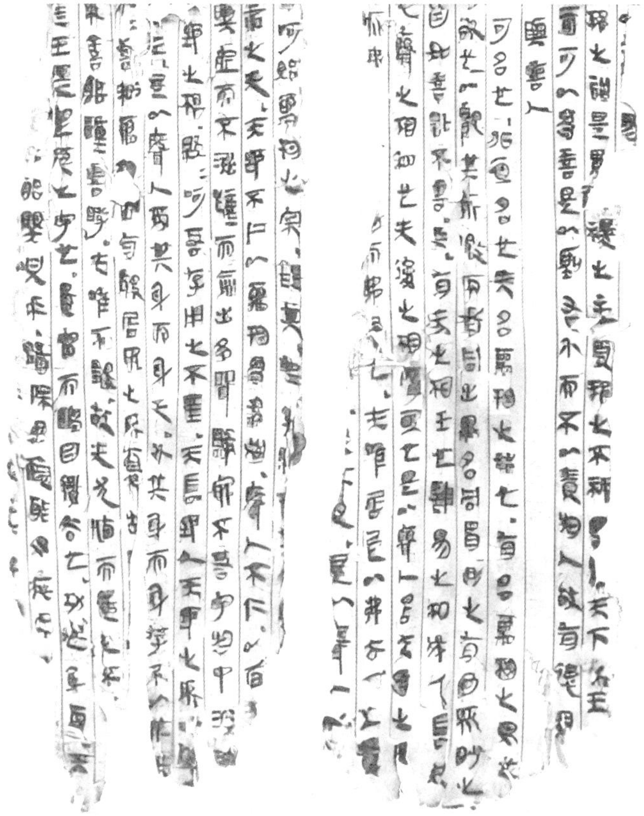

帛书老子甲本（局部）

帛书老子乙本（局部）

前／言／

2024年，是马王堆汉墓完成考古发掘50周年。半个世纪以来，这一发现所带来的影响早已超越了考古学的范畴。马王堆汉墓中不仅出土了包括帛书《老子》在内的文献，还出土了大量珍贵文物，为我们了解和研究华夏文明提供了宝贵的实物资料。回顾这一历史性发现，我们不仅为古人的智慧所震撼，更希望从中汲取自由洒脱的精神，以关照当下，展望未来。

在马王堆汉墓的考古发掘中，最具文化影响力的便是出土了两份《老子》帛书抄本，分别被称为甲本和乙本。这两个版本的出现，为还原《老子》最初的面貌提供了重要的线索，也为后世的学者们提供了珍贵的校勘参考。

在过去的五十年中，关于帛书《老子》的研究取得了诸多重要成果。随着研究的深入，帛书《老子》逐渐被公众所熟知。然而，将帛书《老子》及其所承载的思想精髓广泛普及，仍然是我们面临的一项重要课题。本书正是在这一背景下的尝试，同时也是对马王堆汉墓考古发掘完成 50 周年的致敬。

本书将帛书《老子》的甲乙本（缺少的文字则以"◇"代替）与传世的王弼本一同呈现给读者，通过对比这些版本之间的异同，力求展现帛书《老子》的独特价值。同时，书中配有导语、注解和译文，以帮助读者更好地理解和欣赏这一经典著作的深刻内涵。

在注释和翻译过程中，注者始终坚持严谨的学术标准，力求翻译准确、解释合理。在面对不同学派和时代学者对《老子》思想的多元解读时，我们秉持开放的态度，尊重多样性，因为这种多元化的理解方式，能够更全面地展现老子思想的丰富性。

当然，对于一些存在争议的地方，注者在注释中做了综合比较，并选择了更为合理的解释。例如，在帛书《老子》"道经"最后一章开头的"道恒无名"一句，我们依据郭店楚简修正为"道恒无为"，这一修正更符合老子思想的内在逻辑。

翻译部分主要依据甲本，缺失的文字则补入乙本，如甲乙本均缺失，则参考王弼本。翻译原则以直译为主，必要时加入意译，以确保读者能够更好地理解内容。

在这个信息化时代，快速的生活节奏和压力，使得人们往往忽视了精神上的追求与内心的平衡。老子的思想，强调无为、自由、平衡与超越，追求内心的宁静与自我超越。这些思想在当今社会依然具有重要的现实意义，能够引导人们反思生活方式，寻找内心的平衡与自由，从而塑造完整的现代人格。

此外，帛书《老子》的研究需要多方面的知识支撑，如古文字学、古文献学、哲学、宗教学等，注者在这些方面的知识有限，在翻译和注释过程中难免会有疏漏和不妥之处，欢迎广大读者批评指正。

在此，衷心感谢那些默默支持和关注帛书《老子》研究的朋友们，也希望本书能够为广大读者提供一个更加全面、深入了解老子思想的途径。

长风

甲辰年孟秋于不知斋

目录

德　经

传世本《道德经》下篇

道　经
传世本《道德经》上篇

德经

第三十八章
（传世本第三十八章）

【导语】

　　"道"和"德"是《道德经》中两个核心概念。道是先于世界而存在的，是世界的本体，也是德的本体，德由道生成，受道的支配，是道的体现。因为道是德的源泉，故合称为"道德"，这样就把哲学本体论与人类社会实践有机结合起来，从最高范畴审视人的经验范畴。本章为"德经"的开篇。老子认为，凡是合乎道的行为就是有德，反之，则是失德。道与德不可分离，但又有区别。因为德有上下之分，上德顺其自然的"无为"合乎道，下德凭主观刻意的"无为"偏离道。进而，老子从"道"至"礼"对原始氏族社会走到文明等级社会的各个阶段做了哲学描述，并以"无为"作衡量标准给予评价：德最上，仁其次，义再次，礼最次。在老子看来，人类社会从"无为"（道、德）滑向"有为"（仁、义、礼）背离了道。

【正文】

甲本：◇◇◇◇◇◇◇◇◇◇◇◇◇◇◇德。上德无◇◇无以为也。上仁为之◇◇以为也。上义为之而有以为也。上礼◇◇◇◇◇◇◇◇攘臂而乃之。故失道而后德，失德而后仁，失仁而后义，◇◇◇◇◇◇◇◇◇◇◇◇◇而乱之首也。◇◇◇道之华也，而愚之首也。是以大丈夫居其厚[1]而不居其泊；居其实不居其华。故去皮取此[2]。

---

1 厚：质朴诚实。居：同处。

2 故去皮取此：所以要去除浮华，而践行敦厚。去：丢弃。皮：同"彼"。

乙本：上德不德¹，是以有德；下德不失德²，是以无德³。上德⁴无为⁵而无以为⁶也。上仁⁷为之而无以为也。上德（义）⁸

———————

1 上德不德：不德，不表现为形式上的德。此句意为，具备上德的人因任自然，不表现为形式上的德。

2 下德不失德：下德的人恪守形式上的德。不失德：即形式上不离开德。老子将德分为上、下两个层次，上德是无心的流露，是与自然同一的品德；下德是有心的产物，是人为的品德，含有勉强的成分，也易产生虚伪。

3 无德：无法体现真正的德。

4 上德：此处"上德"与首句意为上等之德的"上德"含义不同。上：崇尚。上德，即崇尚德。以下"上仁""上义""上礼"用法与此同。

5 无为：顺应自然。在《道德经》中，"无为"是超验的概念，不在人的经验范畴之内。德属于道的范畴。

6 无以为：无所作为。

7 上仁：崇尚仁。仁：指的是人与人之间的关系，主要含义是伦理实践中的慈爱、亲爱，属于人的经验范畴。

8 上德（义）：乙本抄写不慎，据甲本"德"当为"义"。义：即公正合宜的道理或举动，属于人的经验范畴。

为之而有以为[1]也。上礼[2]为之而莫之应[3]也，则攘臂而乃[4]之。故失道[5]而后德，失德而句[6]仁，失仁而句义，失义而句礼。夫礼者，忠信之泊[7]也，而乱[8]之首也。前识[9]者，道之华[10]也，而愚之首[11]也。是以大丈夫[12]居◇◇◇◇居其泊；居其实[13]而不居

---

1 有以为：有所为。

2 上礼：崇尚礼。礼：即确定人与人之间关系的社会准则、规范和仪式，甚至包括制度和法律，属于人的经验范畴。

3 莫之应：无人响应。

4 攘臂：伸出手臂。乃：同"扔"，意为强力牵引。

5 道：万物的本体，等同于无所不能的自然，是老子哲学的最高范畴。

6 句：通"后"。

7 泊：通"薄"，浅薄。

8 乱：混乱状态。

9 前识：智巧的见解，不遵循认识规律，仅凭主观猜测。

10 华：浮华、虚华。

11 愚之首：愚昧的起始。

12 大丈夫：持道有德、特立独行的智者。

13 实：淳朴质实。

其华。故去罢¹而取此。

王本： 上德不德，是以有德；下德不失德，是以无德。上德无为而无以为；下德为之而有以为。上仁为之而无以为；上义为之而有以为。上礼为之而莫之应，则攘臂而扔之。故失道而后德，失德而后仁，失仁而后义，失义而后礼。夫礼者，忠信之薄，而乱之首。前识者，道之华，而愚之始。是以大丈夫处其厚，不居其薄，处其实，不居其华。故去彼取此。

【译文】

"上德"因与自然同一，无心于德，所以有德。"下德"因与人世交织，有心于德，所以无德。崇尚德的人无所作为基于无意；崇尚仁的人有所作为基于无意；崇尚义的人有所作为基于有意；崇尚礼的人有所作为，如果得不到回应，就扬起胳膊强制别人就范。所以失道后才会践行德，德失后才

1罢：与"彼"通假。

会践行仁，仁失后才会践行义，义失后才会践行礼。礼为忠信不足的产物，是祸乱的开端。自作聪明的人制定的礼仪规范不过是浮华的道，让人从此堕入愚昧。作为大丈夫要立身敦厚，不居浅薄；存心朴实，不居于虚华。所以人应该舍弃浮华的礼，而践行敦厚的德。

第三十九章
（传世本第三十九章）

【导语】

本章讲道的普遍性和重要性。前半段论述是从"一"开始，这里的"一"是道的创造形式，并非数字意义上的"一"，而是作为本质的一个单位。老子认为，宇宙的本原只有一个，宇宙的总规律也只有一个，而且是物质的，其矛盾和对立总要归于统一。道是构成一切事物所不可或缺的要素，如果失去了道，天、地、神、谷、侯王一切都不会存在下去；后半段由此推及人间，告诫统治者要遵循唯一的道，要能处下、居后、谦卑，没有平民为根基，就没有侯王的高贵。

【正文】

甲本： 昔¹之得一者²，天得一以清³，地得◇以宁⁴，神⁵ 得一以灵⁶，浴⁷得一以盈，侯◇◇◇而以为◇◇正⁸。其致之 也⁹，胃¹⁰天毋已清将恐◇胃地毋◇◇将恐◇胃神毋已灵◇恐 歇，胃浴毋已盈将恐渴，胃侯王毋已贵◇◇◇◇◇故必贵而 以贱为本，必高矣而以下为基。夫是以侯王自胃◇寡不穀¹¹。

————————

1 昔：从前，远古的时代。

2 得一：合乎道。一：是"道"的体现。

3 清：温和干明，冲和空灵，阴阳协调。

4 宁：安静、平稳。

5 神：神灵，或指人。

6 灵：灵性或灵妙。

7 浴："谷"本字，河谷。

8 正：首领。

9 其致之也：推而言之。

10 胃：通"谓"。帛书甲、乙本中谓均写作胃。

11 孤寡不穀：都是侯王对自己的谦称。孤：意思是说自己孤单，有争取臣 民拥护的意思。寡：与孤相似。不穀：有不善的意思，周天子自称。

此其◇◇◇◇◇◇故致数与无与。是故不欲◇◇若玉，硌
◇◇◇。

乙本： 昔得一者，天得一以清，地得一以宁，神得一以灵，
浴得一盈，侯王得一以为天下正。其至也，胃天毋已清将恐
莲[1]，地毋已宁将恐发[2]，神毋◇◇◇恐歇[3]，谷[4]毋已◇将渴[5]，
侯王毋已贵以高将恐欮[6]。故必贵以贱为本，必高矣而以下为
基。夫是以侯王自胃孤寡不穀。此其贱之本与，非也[7]？故至

---

1 天毋已清将恐莲：天不清明就要崩裂。毋已：相当于无以。已：停止、
完毕。莲："裂"。

2 发：陷塌。

3 歇：消失。

4 谷：河谷。

5 渴：干涸。

6 欮：跌倒，引申为挫折、失败。

7 非也：不是吗？

数舆无舆[1]。是故不欲禄禄若玉，硌硌若石[2]。

王本：昔之得一者，天得一以清，地得一以宁，神得一以灵，谷得一以盈，万物得一以生，侯王得一以为天下贞。其致之。天无以清将恐裂，地无以宁将恐发，神无以灵将恐歇，谷无以盈将恐竭，万物无以生将恐灭，侯王无以贵高将恐蹶。故贵以贱为本，高以下为基。是以侯王自谓孤、寡、不穀。此非以贱为本邪？非乎？故致数舆无舆，不欲琭琭如玉，珞珞如石。

【译文】

远古以来凡是得道的：天得道而清明，地得道而宁静，神得道而灵验，河谷得道而充盈，侯王得道而统领天下。推而言之，天不清明，恐怕要崩裂；地不安宁，恐怕要塌陷；

1 数舆无舆：想要获得太多的称誉反而会没有称誉。致：求取，追求获得。舆：通"誉"。

2 禄禄：形容玉的华丽。珞珞：形容石的坚实。

神不灵验，恐怕要消失；河谷不充盈，恐怕要干涸；侯王不保尊贵，恐怕要倾覆。所以贵以贱为根本，高以下为基础，是以侯王自称为"孤""寡""不穀"，岂不是以平民为根本吗？不是吗？故此想要获得太多的赞誉反而没有赞誉。所以为人不要像美玉一样华丽，要像顽石一样质朴坚韧。

第四十章
（传世本第四十一章）

【导语】

本章重点描述"道"。老子引用了十二句成语，列举出一系列构成矛盾事物的双方，从有形与无形、存在与意识、自然与社会各个领域多种事物的本质和现象中，论证了矛盾的普遍性，表明相反相成是事物发展变化的规律。其中前六句是针对道、德而言的；后六句指道或道的形象，或道的性质。在这里，老子通过上士、中士、下士各自闻道的态度，说明下士闻道后大笑是只见现象不见本质。老子告诉世人，道的本质隐藏在现象后面，浅薄之士是无法看到的。

【正文】

甲本：◇◇◇◇◇◇◇◇◇◇◇◇◇◇◇◇◇◇◇◇

◇◇◇◇◇◇◇◇◇◇◇◇◇◇◇◇◇◇◇◇◇◇

◇◇◇◇◇◇◇◇◇◇◇◇◇◇◇◇◇◇◇◇◇◇

◇◇◇◇◇◇◇◇◇◇◇◇◇◇◇◇◇◇道，善

◇◇◇◇。

乙本：上◇◇道[1]，董[2]能行之。中士[3]闻道，若存若亡[4]。

下士[5]闻道，大笑之。弗笑◇◇以为道。是以建言[6]有之曰：明

---

1 上（士闻）道：上士指德才兼备之士。古代将士分为五等。老子在这里
借用当时社会之等级，作为对道之理解程度不同的比喻。道：关于"道"
的要言妙义。

2 董：通"勤"，勤勉。

3 中士：一般之士。

4 若存若亡：有时想起，有时忘掉。存：留在心里。亡：同"忘"。若：有时。

5 下士：德才皆差之士。

6 建言：立言，古时立言之人说过的话。

道如费[1]，进道如退，夷道如类[2]。上德如浴[3]，大白如辱[4]。广德[5]如不足，建德如◇质◇◇◇大方无禺[6]，大器免成[7]。大音希[8]声，天象无刑[9]，道褒无名[10]。夫唯道，善始且善成[11]。

王本：上士闻道，勤而行之；中士闻道，若存若亡；下士闻道，大笑之。不笑，不足以为道。故建言有之：明道若昧，进道若退，夷道若类，上德若谷，大白若辱，广德若不足，

---

1 明道如费：明显的"道"好像不容易被看见。费：昏暗、不明显。

2 夷：平坦。类：崎岖不平，坎坷曲折。

3 上德，崇高的"德"。浴：同"谷"，低下的山谷。

4 大白如辱：大白本指古代军用的白色旗帜，此处借用指明显的白。辱：黑，与白相对。此句放"大方无禺"一句之前似更合理。

5 广德：高深广大的德行。

6 大方无禺：最方正的却没有棱角。大方：最方正。禺：同"隅"，角。

7 大器：即神器，无形无方而合成。免成：即无成。

8 希：寂静无声。

9 天象无刑：即"大象无形"。刑：通"形"。

10 褒：大的意思。无名：没有名称。

11 善始且善成：只有道，才能完美地开始又完美地终了。成：终了。

建德若偷 [1]，质真若渝 [2]。大方无隅，大器晚成，大音希声，大象无形，道隐无名。夫唯道，善贷且成 [3]。

【译文】

上士听了道，努力去践行；中士听了道，将信将疑；下士听了道，哈哈大笑。如果不被嘲笑，那就不足以成为道。因此古人立言说：光明的道好似昏暗，前进的道好似后退，平坦的道好似崎岖，崇高的德好似低谷，广大的德好像不足，刚健的德好似怠惰，质朴纯真好像混浊未开。最洁白的东西，反而含有黑垢；最方正的东西，反而没有棱角；最贵重的神器，反而无须外力合成；最大的声响，反而寂静无声；最大的形象，反而没有形状；最大的道，反而没有名称。只有道，才能完美地开始又完美地终了。

---

1 建德若偷：刚健的德好像怠惰。建：通"健"，刚健。偷：意惰。

2 渝：变污。

3 善贷且成：贷指施与、给予，引申为帮助、辅助之意。此句意为：道使万物善始善终，而万物自始至终也离不开道。

第四十一章
（传世本第四十章）

【导语】

本章主要讲述道的运动变化法则。老子认为，道的运动不断地派生出天下万物，但最后结果仍然是回复到道。老子把"有"与"无"作为从属于道的两个哲学范畴，他认为世界的本体是从无开始的，从无到有，从有产生整个世界。道创造万物，却并不使万物感到有什么强迫的力量，而是自然而然地发生和成长，就是因为道在静寂之中，隐而不露，以无为的形式创造一切。

【正文】

甲本： ◇◇◇道之动[1]也；弱也者道之用也[2]。天◇◇◇◇◇◇◇◇◇。

乙本： 反也者[3]道之动[4]也；◇◇者道之用[5]也。天下之物生于有[6]，有◇于无[7]。

王本： 反者道之动，弱者道之用。天下万物生于有，有生于无。

---

1 道之动：道的运行规律。

2 弱也者道之用也：柔弱是道的作用，这是形容道在运作时不带有压力。弱：柔弱。

3 反也者：反同返，周流不息的循环。反：兼有相反与往复之意。

4 动：运动。

5 用：事物本质的外部表现。

6 有：可感觉的实物，最普遍的存在。

7 无：超现实世界的形上之道。

【译文】

道的运行规律是周流不息的循环，道创造一切的运作本质表现为柔弱。天下万物产生人可认知的经验范畴"有"，"有"则产生于人不可认知的超验范畴"无"。

第四十二章
（传世本第四十二章）

【导语】

　　本章重点阐述了老子的宇宙生成论。老子说一、二、三乃是指道创生万物的过程，宇宙万物的总根源是"混而为一"的道。这里的一、二、三并不是具体的事物和具体数量。它们只是表示道生万物从少到多，从简单到复杂的过程，就是"冲气以为和"。可以看出，老子否定了神的存在，其宇宙观为一元论的宇宙观。在阐述宇宙生成论后，老子警诫王公要以贱为本，以下为基。再次强调矛盾的双方并非不变，而是可以互相转化。

【正文】

甲本：◇◇◇◇◇◇◇◇◇◇◇◇◇◇◇◇◇◇◇◇中气以为和[1]。天下之所恶，唯孤寡不穀，而王公以自名[2]也。勿[3]或损之◇◇◇之而损。故人◇◇教夕[4]议[5]而教人。故强良者不得死[6]，我◇以为学父[7]。

---

1 中气以为和：阴阳二气相互激荡交流而呈现一种匀调和谐的状态。中：同"冲"，激荡、交融的意思。和：指阴阳相合的和谐匀调状态；还有一种说法，和指阴阳相激荡而产生的另一种气。

2 以自名：用这些字眼作自己的称谓。

3 勿：通"物"。

4 夕：通"亦"。

5 议：通"仪"，引申为照样。

6 强良者不得死：太过强悍的人不得好死。强良者：强悍的人。良：通"梁"。不得死：不得好死。

7 学父：让人学习的最基本的内容。父：一家之首叫父，引申为第一的、基本的，或规矩。

乙 本： 道 生 一¹，一 生 二²，二 生 三³，三 生 ◇◇◇◇◇◇◇◇◇◇◇以 为 和。人 之 所 亚⁴，唯◇寡 不 穀，而 王 公 以 自 ◇◇◇◇◇◇◇云⁵，云 之 而 益 ◇◇◇◇◇◇◇◇◇◇◇◇◇◇◇◇将 以 ◇◇ 父。

王 本： 道生一，一生二，二生三，三生万物。万物负阴而抱阳⁶，冲气以为和。人之所恶，唯孤、寡、不穀，而王公以为称。故物或损之而益⁷，或益之而损。人之所教，我亦教之。

---

1 一：用以代替道这一概念的数字表示，也即宇宙的原始状态。

2 二：指阴气、阳气。道的本身包含着对立的两方面。阴阳二气所含有的统一体即是道。因此，对立着的双方都包含在"一"中。

3 三：由两个对立的方面相互矛盾冲突所产生的第三者，进而生成万物。三，有几种说法：一说指阴、阳和气；一说指由阴、阳二气相合而形成的一种匀调和谐的状态；一说不是实指，而是多数的意思。

4 亚：通"恶"。

5 云：通"损"。

6 负阴而抱阳：背阴而向阳，古人认为万物以背为阴，以腹为阳。负：在背后。抱：在胸前。

7 故物或损之而益：因此万事万物有时减损它，反而让它得到增益。或：

强梁者不得其死，吾将以为教父。

【译文】

　　道先于万物而存在，是以"混而为一"的冲气存在，后来冲气分化为阴气与阳气，阴阳二气相互矛盾冲突产生第三者，进而生成天地万物。所以万物都有背阴而向阳的特质，并且在阴阳二气的激荡下生成新事物。人们最厌恶"孤""寡""不榖"，王公却喜欢用这些词来称呼自己。故此一切事物，有时减损它却反而得到增加，有时增加它却反而得到减损。别人这样教导我，我也如此教导别人。太过强横的人难以善终，我把这些当作施教的宗旨。

有时。

第四十三章
（传世本第四十三章）

【导语】

本章主要讲老子的基本观念之一——贵柔。柔弱是道的基本表现和作用，是老子概括一切从属的、次要的方面的哲学概念。老子认为，柔弱是万物具有生命力的表现，也是真正有力量的象征。而柔弱发挥出来的如此巨大力量，便在于其"无为"。所以老子顺势又讲了"不言"的教诲、"无为"的益处。不过，老子还是要强调事物转化的必然性，他并非一味要人守柔、不争，而是认为"天下之至柔，驰骋天下之至坚"，即柔弱可以战胜刚强。

【正文】

甲本： 天下之至柔[1]◇骋于天下之致坚[2]。无有入于无间[3]。五[4]是以知无为◇◇益也。不◇◇教，无为之益◇下希[5]能及之矣。

乙本： 天下之至◇驰骋乎天下◇◇◇◇◇◇◇无间。吾是以◇◇◇◇◇◇也。不◇◇◇◇◇◇◇◇◇◇◇◇矣。

王本： 天下之至柔，驰骋天下之至坚。无有入无间，吾

---

1 天下之至柔：天下最柔软的东西。

2 骋于天下之致坚：在天下最坚硬的东西中自由地穿来穿去。致：通"至"，极的意思。

3 无有入于无间：没有实体的东西能穿透没有间隙的实体。无有：即无，与"有"相对立，没有实体。无间：没有间隙的东西，即物质实体。

4 五：通"吾"。

5 希：通"稀"，稀少。

是以知无为之有益[1]。不言之教[2]，无为之益，天下希及之。

【译文】

天下最柔弱的东西，可以自由穿梭于最坚硬的东西中；没有实体的东西可以穿透没有间隙的物质实体。我因此认识到无为的益处。不言的教导，无为的益处，普天下少有能认识和做到这些。

---

1 吾是以知无为之有益：我因此了解无为是有益处的。是以：由于这个。

2 不言之教：不说出来的教导。教：教化。

第四十四章

（传世本第四十四章）

【导语】

本章讲述如何处理人与物的关系。老子提出"知足不辱，知止不殆"，强调生命是一个过程，名利是暂时的，人应贵生重己，适可而止地追求名利，知足知乐。知足即认识到任何事物都有自己的发展极限，超出极限则必然向反面发展，因此不应过度追求。人应清醒认识自己的言行举止，不可一味追求完美。若为名利奋不顾身，必然会落得身败名裂的下场。人要保持思维的独立和思想的超然，才能在身心上趋于完美。

【正文】

甲本： 名与身孰亲[1]？身与货孰多[2]？得与亡孰病[3]？甚◇◇◇◇◇◇◇◇亡。故知[4]足不辱，知止不殆[5]，可以长久。

乙本： 名与◇◇◇◇◇◇◇◇◇◇◇◇◇◇◇◇◇◇◇◇◇◇◇◇◇◇◇◇◇◇。

王本： 名与身孰亲？身与货孰多？得与亡孰病？是故甚爱必大费[6]，多藏必厚亡[7]。知足不辱，知止不殆，可以长久。

---

1 名：声名、名望，显示身份地位。身：生命。亲：亲切、亲近。

2 货：财富、财产。多：轻重。

3 得：名利。亡：失去生命。病：有害。

4 知足：自知满足。

5 知止：不过分。止，即适可而止。不殆：无危险。

6 甚爱：过分喜爱虚名，一说爱指怜惜、爱惜。大费：很大的破费、耗费。

7 多藏：丰富的贮藏。厚：形容损失的多和重。

【译文】

声名和生命相比哪一样更为亲切？生命和财富相比哪一样更为贵重？获得名利与失去生命哪一个更有害？过分地爱慕虚名必定付出巨大代价，过度占有财富必定会招致巨大损失。故此，懂得知足常乐才不会遭到屈辱，懂得适可而止才不会遭遇危险，明白这些道理才能保证生命与人格的趋于完美。

第四十五章
（传世本第四十五章）

【导语】

　　本章老子以辩证的思想来认识人，提出了一种谦逊、德行高尚的人生哲学态度。其中大成、大盈的人格形态，若缺、若冲、若屈、若拙、若讷的外在表现，都是说明一个完美的人格，不在外形上表露，而为内在生命的含藏内收。老子告诉世人，越是得志之人，越需要保持谦逊自律；而那些得意忘形的人，往往也会破产消亡。同时，还强调了清静的重要性，认为清静是一切的正道。

【正文】

甲本： 大成¹若缺²，其用不弊³。大盈若盅⁴，其用不鋦⁵。大直如诎⁶，大巧如拙，大赢如炪⁷。趮胜寒⁸、靓胜炅⁹，请靓¹⁰可以为天下正¹¹。

乙本： ◇◇◇◇◇◇◇◇◇◇盈如冲，其

---

1 大成：十分整齐完备。

2 缺：欠缺。

3 弊：通"敝"，破败的意思。

4 大盈若盅：最充实的事物看起来好像是空虚的。盅：通"冲"，虚空的意思。

5 鋦：通"穷"，穷尽的意思。

6 诎：同"屈"。

7 大赢如炪：最大的盈余看起来好像有亏损。赢：长，引申为盈余。炪：同"朒"，亏损。

8 趮：同"躁"，躁动，不冷静。

9 靓：通"静"，清静。炅：通"热"，暑热。

10 请靓：即清静，指清静无为。请：同"清"，清净。

11 正：天下清静无为的最高标准。

◇◇◇◇◇◇◇◇◇如拙◇◇◇绌。趮朕[1]寒
◇◇◇◇◇◇◇◇◇。

王本：大成若缺，其用不弊。大盈若冲，其用不穷。大
直若屈，大巧若拙，大辩若讷。躁胜寒，静胜热。清静为天下正。

【译文】

最完满的事物看起来好像残缺，但它的作用不会衰竭。
最充盈的事物看起来好像空虚，但是它的作用不会穷尽。最
正直的人看上去会有点屈从，最灵巧的人看上去会有点笨拙，
最大的盈余看起来像有损失。急躁更能生寒，心宁方能耐暑，
清静无为才是天下正道。

---

1 朕：即"胜"。

第四十六章
（传世本第四十六章）

【导语】

本章主要反映了老子的反战思想。在春秋时代，诸侯争霸，兼并和掠夺战争连年不断，给社会生产和民众生活带来沉重灾难。对此，老子明确表示了自己的主张，认为战争起自侵略一方野心勃勃，贪欲太强，不懂得知足常乐。

【正文】

甲本： 天下有◇◇走马以粪[1]。天下无道，戎马生于郊[2]。罪莫大于可欲，祸莫大于不知足，咎[3]莫憯[4]于欲得[5]◇◇◇◇◇恒足矣。

乙本： ◇◇◇道，却[6]走马◇粪。无道，戎马生于郊。罪莫大可欲，祸◇◇◇◇◇◇◇◇◇◇◇◇◇◇◇◇足矣。

王本： 天下有道[7]，却走马以粪。天下无道，戎马生于郊。祸莫大于不知足；咎莫大于欲得。故知足之足，常足矣。

---

1 走马以粪：将战马用来耕田。走马：善跑的马，指战马。粪：施肥，可引申为耕种。

2 戎马生于郊：牝马（母马）生驹于战地。戎马：战马。郊：都城的近地。

3 咎：严重的过失。

4 憯：痛。

5 欲得：贪得无厌。

6 却：屏去，退回。

7 有道：指政治清明，社会和谐，经济繁荣。反之，则是无道。

【译文】

天下有道时，把马匹退还给平民来耕种；天下无道时，连母马也要送到战场。罪恶没有比放纵欲望更大的了，祸患没有比不知足更大的了，过失没有比贪得无厌更惨痛的了。懂得知足常乐，才是最长久的满足。

第四十七章
（传世本第四十七章）

【导语】

　　本章主要讲的是哲学认识论中的感性认识和理性认识。老子认为，在认识上纯任感觉经验是靠不住的。因为这样做无法深入事物的内部，不能认识事物的全体，而且还会扰乱人的心灵。也就是说，感性认识的增加很可能遮蔽了事物的本来面目。所以老子认为，要靠内观返照，净化欲念，清除心灵的蔽障，以本明的虚静的心境去觉照外物，才能领悟天道，知晓天下万物的变化发展规律。

【正文】

甲本： 不出于户，以知天下。不规于牖[1]，以知天道[2]。其出也弥远[3]，其◇◇◇◇◇◇◇◇◇◇◇◇◇◇为而◇。

乙本： 不出于户，以知天下。不规于◇◇知天道。其出簋[4]远者，其知簋◇◇◇◇◇◇◇◇◇◇◇而名，弗为而成[5]。

王本： 不出户，知天下；不窥牖，见天道。其出弥远，

---

1 不规于牖：不通过窗户往外看。规：通"窥"，从小孔隙里看。牖：窗户。

2 天道：指自然万物发展变化的规律，支配人类命运的决定力量。

3 其出也弥远：有的人走出去得越远。出：指走出门外。弥：越、愈，表示程度加强。

4 簋：同"弥"。

5 弗为而成：不刻意有所作为却能成就大事。弗为：无为、不妄为。

其知弥少¹。是以圣人不行而知²，不见而名³，不为而成。

【译文】

　　足不出门户，就能够推知天下事理；不从窗往外望，就可了解自然万物运行规律。有的人向外走得越远，知道的道理反而越少。所以有道的圣人不出行却能够推知事理，不去见却能明了天道，不妄为却可以有所成就。

---

1 知弥少：他知道的东西就越少。

2 不行而知：不出行也能推知事理。行：出行，也指行动、实践。

3 不见而名：指不观察而明天道。名：通"明"。

第四十八章
（传世本第四十八章）

【导语】

本章讨论了"为学"和"闻道"的不同之处，它们之间是一种相对的逻辑关系。老子认为，"为学"意味着具体知识的积累和增加，而"闻道"则是对具体知识的超越和抽象。道是本体，因此，积累的具体知识永远无法达到闻道的抽象和超越。随着对道的理解越来越深刻，我们离具体知识和经验就越远。本章中，老子还从治国论角度探讨了"有事"和"无事"，并将"为学"和"闻道"的损益之说贯穿其中。

【正文】

甲本：◇◇◇◇◇◇◇◇◇◇◇◇◇◇◇◇◇◇◇◇◇◇◇◇◇
取天下也，恒◇◇◇◇◇◇◇◇◇◇◇。

乙本：为学者日益[1]，闻道者日云[2]。云之有[3]云，以至于
无◇◇◇◇◇◇取天下恒无事[4]；及其有事[5]也，◇足以取天◇。

王本：为学日益，为道日损。损之又损，以至于无为。
无为而无不为[6]。取天下常以无事，及其有事，不足以取天下。

---

1 为学者日益：是反映探求外物的知识。此处的"学"当指政教礼乐。日益：
增加人的知见与智巧。

2 闻道：通过冥想或体验以领悟事物未分化状态的"道"。此处的道，指
自然之道、无为之道。云：即"损"，减少的意思。日云：指所能学到的
东西会日益减少。

3 有：即"又"。

4 取：治理、掌握。恒：经常。无事：无扰攘之事，也就是做到无为。

5 有事：指繁苛政举骚扰民生，也就是积极有为。

6 无为而无不为：达到无为的境界，就没有什么事情做不成的。

【译文】

为学者的途径就是要日有进益，而闻道者的途径是日有减损。持续的减损最终达到道法自然的无为境界。在这种境界下，我们不需要刻意去做事情，却可以在做事时游刃有余，做好一切。在治理天下方面，最好的方式是保持清静无为的状态，这样就可以应对万事万物。如果经常采用繁琐的手段来治理天下，那么就无法很好地治理了。

第四十九章
（传世本第四十九章）

【导语】

　　本章主要探讨老子的政治理想，文中所讲的圣人是老子理想中的执政者。老子首先强调圣人无常心，不被个人情感所干扰，而是以百姓的心为心，关注众人的利益和需求。圣人以德善和德信为核心品德，不管对方是善良还是不善良、相信还是不相信，圣人都会以同样的善意和信任对待他们。最后，圣人能够在天下间深受欢迎，因为他们能够平静地看待世间万物，让人们感到安心。推而言之，本章的核心思想是要我们学习圣人的为人处世之道，以宽广、平和的心态看待世界，以善意和信任对待他人，从而达到在社会中被广泛接纳和尊重的境界。

【正文】

甲本： ◇◇◇◇◇以百◇之心为◇善者善之[1]，不善者亦善◇◇◇◇◇◇◇◇◇◇◇◇◇◇◇信也◇◇之在天下，愉愉[2]焉，为天下浑心[3]。百姓皆属耳目焉[4]，圣人◇◇◇。

乙本： ◇人恒无心[5]，以百省[6]之心为心。善◇◇◇◇◇◇◇◇◇善也。信者信之[7]，不信者亦信之，

---

1 善者善之：第一个善有善良、爱心之意，后一个善有亲近、爱慕之意。

2 愉愉：指心敛意欲。愉：同"歙"，合、收敛的意思。

3 浑心：使心思归于纯朴，无知无欲。

4 百姓皆属耳目焉：百姓都使用自己的智谋，生出许多事端。

5 恒无心：永远没有私心。

6 百省：百姓。战国之前是对贵族的统称，战国之后，对平民的通称。此处取前者的意思。

7 信者：诚实的人。信之：信为动词，信任。

德信[1]也。耵人[2]之在天下也，欲欲[3]焉◇◇◇◇◇◇◇皆注[4]其
◇◇◇◇◇◇◇。

王本： 圣人无常心，以百姓心为心。善者，吾善之；不善者，
吾亦善之，德善。信者，吾信之；不信者，吾亦信之，德信。
圣人在天下歙歙，为天下浑其心，圣人皆孩之[5]。

【译文】

圣人没有私心，以百姓的心为自己的心。善良的人，圣
人善待他；不善良的人，圣人也善待他：这样可使人人向善。
守信的人，圣人信任他；不守信的人，圣人也信任他：这样
可使人人守信。圣人在其位收敛自己的欲意，使天下人的心

---

1 德信：德，假借为"得"，意思为无论信还是不信，都以信任对待。

2 耵人：即圣人。耵：同"圣"。

3 欲：同歙。

4 注：注目。

5 圣人皆孩之：圣人使百姓们都回复到婴孩般纯真质朴的状态。

思归于浑朴。百姓们都专注自己的耳目聪明，圣人使他们都

回到婴孩般淳朴的状态。

第五十章
（传世本第五十章）

【导语】

  本章主要探讨"养生之道"，即为人处世、趋利避害之道。老子认为，人应该以清静无为的态度远离死地，避免骄奢淫逸导致短命夭折，也要注意避免因行动不慎造成伤亡。他主张少私寡欲，恪守道的原则，不伤害别人，以排除人为因素对寿命的影响，实现养生长寿的目的。同时，老子也提出了"出生入死"的概念，强调生命的历程即是走向死亡的历程。老子劝诫世人，能够清静质朴，纯任自然，从而更积极地面对生命的挑战。

【正文】

甲本： ◇生◇◇◇◇◇◇有◇◇◇徒十有三，而民生生[1]，动皆之死地[2]之十有三。夫何故也？以其生生也。盖◇◇执生[3]者，陵行[4]不◇矢虎，人军不被甲兵[5]。矢无所椯[6]其角，虎无所昔其蚤[7]，兵无所容◇◇◇何故也？以其无死地[8]焉。

乙本： ◇生入死。生之◇◇◇◇◇之徒十又三，而民生生，僮[9]皆之死地之十有三◇何故也？以其生生。盖[10]闻善执生者，

---

1 民：众人。生生：奉养过厚。

2 之死地：进入死地。之：到。

3 执生：把握生命历程，爱护生命。执：保养，养护。

4 陵行：在陆地上行走。

5 入军不被甲兵：战争中不被杀伤。被：遭受。甲兵：武器、兵器。

6 椯：同"投"。

7 昔：通"措"。蚤：通"爪"。

8 无死地：没有进入死亡的范围。

9 僮：通"动"。

10 盖：用于句首的语气词。

陵行不辟[1]累[2]虎，人军不被兵革。累无◇◇◇◇◇◇◇◇其蚤，兵◇◇◇◇◇◇◇◇也？以其无◇◇◇

王本： 出生入死[3]。生之徒[4]，十有三；死之徒[5]，十有三；人之生，动之死地，亦十有三。夫何故？以其生生之厚。盖闻善摄生者，陆行不遇兕虎，人军不被甲兵；兕无所投其角，虎无所措其爪，兵无所容其刃，夫何故？以其无死地。

【译文】

人在出生后，都会面临死亡。三成的人能够享有长寿，三成的人会早逝，还有三成的人本可以延长寿命，却自己提

---

1 辟：通避。

2 累：同兕，指犀牛。

3 出生入死：由出生开始，到死亡结束。出生：人出世为生，指生命开始。入死：人人地为死，指生命终结。

4 生之徒：长寿的人。徒：属、类。

5 死之徒：短命一类的人。

前步入死地。为什么会这样呢？因为他们奉养生命的方式太过极端。据说，那些懂得如何养护自己生命的人，可以安然无恙地在陆地上行走，不会遇到凶猛的犀牛和猛虎，也不会在战争中受伤，因为犀牛无处可投其角，老虎无处可伸其爪，武器无处可刺其身。这是为什么呢？因为这些人没有走上死亡之路。

第五十一章
（传世本第五十一章）

【导语】

　　本章主要讨论了老子对道和德的理解，以及它们在万物生长中的作用。老子认为道以无为的方式生养万物，德则是道在人世间的具体表现，扮演着养育万物的角色。道和德不主动干涉万物的生长和繁衍，而是随其自然，因此它们可以被看作是自然的体现，作用不是强制性的，而是自然而然地发挥。万物的生长过程分为四个阶段，源自道，内在于万物，发展出独特的存在和属性，最终循环不断。此外，本章帛书本中的"器"与王弼本中的"势"存在理解上的较大分歧。

帛书本中说"物荆之，而器成之"，而王弼本则作"物形之，势成之"。在帛书本中，道被描述为养育万物的力量，器则是被发展出来的物品。而在王弼本中，道被描述为一种能量，势则是被发展出来的形态。

【正文】

甲本： 道生之[1] 而德畜之[2]，物刑之[3] 而器成之[4]。是以万物尊道而贵◇◇之尊，德之贵也，夫莫之时而恒自然也[5]。道生之、畜之、长之、遂[6]之、亭◇◇◇◇◇◇◇弗有也，为而弗

---

1 道生之：道体现为生。之：万物。

2 德畜之：德体现为养。德：作为道的延伸，是无为的，此处指自然无为的作用。畜：万物蕃息，繁盛生长。

3 物刑之：物体现为存在的方式。物：具体的东西。刑：通"形"，形状。

4 器成之：器体现为达成的功用。器：时空中的器物，引申为一种功能。成：成就。

5 莫之时而恒自然 不在于世俗的爵位，而在于让万物顺应自然。时：同"爵"，指世俗的尊贵爵位。

6 遂：顺应。

寺也，长而弗宰也，此之谓玄德[1]。

乙本： 道生之，德畜之，物刑之而器成之。是以万物尊道而贵德。道之尊也，德之贵也，夫莫之爵也，而恒自然也。道生之、畜之◇◇◇之、亭[2]之、毒[3]之、养[4]之、复[5]之◇◇◇◇◇◇◇◇◇弗宰，是胃玄德。

王本： 道生之，德畜之，物形之，势[6]成之。是以万物莫不尊道而贵德。道之尊，德之贵，夫莫之命而常自然。故道生之，

1（为而）弗有也，为而弗寺也，长而弗宰也，此之谓玄德：生成万物却不据为己有，养育万物却不自恃己能，使万物生长却不主宰他们，这就是玄德，也就是为道所含的自然无为的素质。寺：通"恃"。

2 亭：调和。

3 毒：安。

4 养：庇护。

5 复：往复。"道生之、畜之、长之、遂之、亭之、毒之、养之、复之"，正是体现了道之动。"复之"是整句总结性的话，经过了生、畜、长、遂、亭、毒、养之后，即行回归。

6 势：万物生产的自然环境。

德畜之。长之育之,亭之毒之,养之覆之。生而不有,为而不恃,长而不宰。是谓玄德。

【译文】

对于万物创生形成而言:首先形而上的道创生它,其次道派生的德无为畜养它,再次以具体实物的形态呈现它,最后以形而下的器物功用成就它。所以万物尊崇道而贵重德。道所以受尊崇,德所以被重视,不在于世俗的品秩爵位,而在于让万物顺应自然。所以道生成万物,畜养万物,助长万物,顺应万物,调和万物,安定万物,庇护万物且周而复始。生长万物而不据为己有,抚育万物而不自恃有功,导引万物而不主宰,这就是奥妙玄远的德。

第五十二章
（传世本第五十二章）

【导语】

　　本章主要探讨哲学中关于认识的问题，老子认为，天下万物的生长和发展都源自一个总的根源，人应该从中寻求原则来把握事物。在认识活动中，人们需要摆脱私欲和妄见的影响，以真正把握事物的本质和规律。万物与道的关系是，万物源自道，自由自在但又自律，遵循自然法则。在讨论人与道的关系时，老子认为人不仅需要遵守自然法则，还要遵循自己的道德形而上学，通过理性控制欲望来正确定位自己的人生。本章中，老子再次运用了母、子这对概念，母代表着道，子代表着天下万物，实质是道和万物、抽象思维和感性认识、本和末等关系的代名词。

【正文】

甲本： 天下有始[1]，以为天下母[2]。毁得其母[3]，以知其口复守其母没身不殆[4]。塞其闷，闭其门[5]，终身不堇[6]。启其闷，济其事[7]，终身◇◇◇小曰◇守柔曰强。用其光，复归其明[8]。

---

1 始：本始，此处指道。

2 母：本源，此处指道。道生天下万物，故为天下万物之母。

3 毁得其母：已经掌握了万物的本源是道。毁：同"既"。

4 没身不殆：到死都没有危险。没身：指死亡。

5 塞其闷，闭其门：塞住嗜欲的孔窍，闭起嗜欲的门径。闷：通"兑"，孔、穴之意。下句"闷"同"义"。

6 堇：同"勤"，劳作。

7 启其闷，济其事：打开嗜欲的孔窍，增添纷杂的事件。

8 用其光，复归其明：运用智慧的光，返照内在的明。光：向外照耀，指表面的智慧。明：向内透亮，指内在的智慧。

毋遗身央 [1]，是胃袭常 [2]。

乙本： 天下有始，以为天下母。既得其母，以知其子 [3]；既知其子，复守其母，没身不佁。塞其垸，闭其门，冬身不堇。启其垸，齐其◇◇◇不棘 [4]。见小曰明 [5]，守◇◇强，用◇◇◇◇◇◇◇遗身央，是胃口常。

王本： 天下有始，以为天下母。既得其母，以知其子，既知其子，复守其母，没身不殆。塞其兑，闭其门，终生不勤。开其兑，济其事，终身不救。见小曰明，守柔曰强。用其光复归 [6] 其明，无遗身殃。是为习常。

---

1 毋遗身央：不给自己带来灾祸。遗：招致。央：同"殃"，灾祸。

2 袭常：承袭常道。

3 子：派生物，指由母产生的天下万物。

4 不棘：不吉，招灾受祸难。

5 见小曰明：能察见细微才叫作明。小：细微。

6 复归：重返。

【译文】

天地万物本身都有起始，这个始就是天地万物的根源。如果知道根源，就能认识万物，如果认识万物，又把握着万物的根本，那么终身都不会有危险。塞住欲念的孔穴，闭起欲念的门径，终身都不会有烦扰。如果打开欲念的孔穴，就会增添纷杂的事件，终身都不可救治。能够察见细微、见微知著的叫作"明"，能够忍辱守弱的叫作"强"。运用智慧的光，返照内在的明。有效地避免各种祸患，这才是万世不绝的"常道"。

第五十三章
（传世本第五十三章）

【导语】

在本章中，老子深刻地揭示了社会的矛盾现象和统治者的恶行，表达了强烈的爱憎情感，并强调了道德和伦理的重要性。老子认为统治者也应该遵循"道"，如果不行"大道"，必将自取灭亡。统治者凭借权势和武力过着腐朽糜烂的生活，而下层民众的生活却陷入悲惨境地。老子把这种情境下的统治者叫作"盗夸"，并警告他们必须重视民众的生活，否则会给自己伏下了极大的危机。老子指出这种不正常的情况是不会永远存在下去的，人类社会迟早会回归最初的"天之道"。

【正文】

甲本： 使[1]我[2]挈有知[3]◇◇大道，唯◇◇◇◇◇甚夷[4]。民甚好解[5]。朝甚除[6]，田甚芜[7]，仓甚虚[8]。服文采[9]，带利◇◇◇食◇◇◇◇◇◇◇◇◇◇◇。

乙本： 使我介[10]有知，行于大道，唯他是畏[11]。大道甚夷，

---

1 使：假如。

2 我：指有道的圣人。

3 挈有知：掌握知识。挈：同"挈"，握持，掌握。

4 夷：平坦。

5 好解：喜欢走小路。解：通"径"，弯曲不平的小路，指邪径。

6 朝甚除：即朝廷非常腐败。朝：朝廷。除：废弛、颓败。一说宫殿很整洁。

7 田甚芜：农田非常荒芜。

8 仓甚虚：仓库非常空虚。

9 服文采：穿着华丽的衣裳。服：穿。文采：指华丽的衣裳。采，同"彩"。

10 介：同"挈"。

11 唯他是畏：只害怕走入邪路。他：通"施"。

民甚好懈。朝甚除，田甚芜，仓甚虚。服文采，带利剑，猒¹
食而齎财²◇◇◇◇◇和，非◇◇◇。

王本： 使我介然有知，行于大道，唯施是畏。大道甚夷，
而民好径。朝甚除，田甚芜，仓甚虚；服文䌽³，带利剑，厌饮食，
财货有余；是谓盗夸⁴。非道也哉！

【译文】

假使"我"掌握了道的知识，一定行走在宽广的大道上，
小心谨慎避免走入歧途。大道虽然很平坦，但有的人却喜欢
走不平的邪径。朝政腐败已极，弄得农田荒芜，仓库十分空虚，
可统治者却仍穿着锦绣的衣服，佩戴着锋利的宝剑，享用着

---

1 猒：同"厌"，饱足。

2 齎财：资财。齎：同"赍"。

3 䌽：同"彩"。

4 是谓盗夸：这与盗贼没有什么区别。是：代词，这。盗夸：相当于盗魁、
强盗头子。

美味佳肴，即使如此还有丰厚的剩余资财。这样的统治者跟

强盗毫无二致，实在不合乎道！

第五十四章

（传世本第五十四章）

【导语】

本章讲述了修身之道，包括修身的原则、方法和作用。老子认为，修身的原则是立身处世的基础，只有巩固修身之要，才能在社会上立足、为家、为乡、为国、为天下。这是唯一正确的认识方式和途径。值得一提的是，文中提到"以身观身，以家观家，以乡观乡，以邦观邦，以天下观天下"，这一句话从一个人的修身，一直讲到了整个天下。这让人不由自主地想起了儒家经典《大学》中所提到的格物、致知、诚意、正心、修身、齐家、治国、平天下，也是从个人修身到治理天下的全过程。虽然道家和儒家在修身问题上有所不同，但他们都认为修身是立身处世的根基。

【正文】

甲本： 善建[1]◇◇拔[2]◇◇◇◇◇◇子孙以祭祀◇◇◇◇◇◇◇◇◇◇◇◇◇◇◇◇余。修[3]之◇◇◇◇◇◇◇◇◇◇◇◇◇◇◇◇◇◇◇以身◇身，以家观[4]家，以乡观乡，以邦观邦，以天◇◇◇◇◇◇◇◇◇◇◇◇◇◇◇。

乙本： 善建者◇◇◇◇◇◇◇子孙以祭祀不绝[5]。修之

---

1 建：建树、建立。

2 拔：拔掉、拔除。

3 修：修德。

4 观：观察、衡量。

5 子孙以祭祀不绝：子孙因此而祭祀不断绝。以：因……缘故。绝：停止、断绝。

身，其德乃真[1]。修之家，其德有余。修之乡，其德乃长[2]。修之国，其德乃夆[3]。修之天下，其德乃博[4]。以身观身，以家观◇◇◇◇国，以天下观天下◇◇◇◇天下之然[5]兹？以◇。

王本： 善建者不拔，善抱[6]者不脱，子孙以祭祀不辍。修之于身，其德乃真；修之于家，其德乃余；修之于乡，其德乃长；修之于国，其德乃丰；修之于天下，其德乃普。故以身观身，以家观家，以乡观乡，以国观国，以天下观天下。吾何以知天下然哉？以此。

【译文】

　　善于建立德的不会拔除，善于抱持道的不会松脱，如果

---

1 真：质朴纯真。

2 长：兴盛。

3 夆：通"丰"，广大、深厚。

4 博：普遍。

5 然：这样。

6 抱：抱住、固定。

子孙能遵行这个道理，则世世代代的祭祀不会断绝。以道修身，其德行是真实的；以道齐家，其德行是富余的；以道治乡，其德行是长久的；以道治国，其德行是丰盛的；以道治天下，其德行是普惠的。所以要以修身之道来观察个人，以齐家之道来观察家庭，以治乡之道来观察乡村，以治国之道来观察国家，以治理天下之道来观察天下。我是怎么了解天下的情况的呢？依据的就是这个道理。

第五十五章
（传世本第五十五章）

【导语】

　　本章主要讲述了老子的处世哲学，即德在人身上的具体体现。前半部分用的是形象的比喻，后半部分讲的是抽象的道理，老子用赤子来比喻具有深厚修养境界的人，能返回到婴儿般的纯真柔和。"精之至"是形容精神充实饱满的状态，"和之至"是形容心灵凝聚和谐的状态，老子主张用这样的办法就能防止外界的各种伤害和免遭不幸。如果纵欲贪生，使气逞强，就会遭殃，危害自己，也危害别人。同时，老子也表达了在婴儿成长的过程中，随着对世界的拥有，他所含容的生命的"德"就会流失，直至生命的结束而失去整个世界，这是生命的辩证。

【正文】

甲本：◇◇之厚◇比于赤子[1]。逢徖蜾地弗螫[2]，攫鸟[3]猛兽弗搏[4]。骨弱筋柔而握固[5]，未知牝牡◇◇◇◇◇精◇至也。终

---

1 比于赤子：比得上初生的婴儿。赤子：指初生的婴儿，最合乎自然，无知无欲，最柔弱却最富生命力。

2 逢徖蜾地弗螫：毒虫、毒蛇等不蜇人。逢徖蜾地：指毒虫、毒蛇。

3 攫鸟：隼一类的猛禽。

4 搏：抓捕猎物。

5 握固：手紧握。

日号而不发[1]，和[2]之至也。和曰常，知和曰明[3]，益生曰祥[4]，心使气曰强[5]◇◇卽[6]老，胃之不道，不道◇◇。

乙本： 含德之厚者[7]，比于赤子。蜂疠虺蛇弗赫，据鸟孟兽弗捕。骨筋弱柔而握固，未知牝牡之会[8]而朘怒[9]，精之至[10]也。冬日号而不嚘，和◇◇◇◇◇◇常，知常曰明，益生◇祥，

---

1 发：通"嗳""嗄"，气逆不顺。

2 和：指阴阳调和。人的身体阴阳调和才能健康，阴盛则生寒疾，阳盛则生热疾。

3 和曰常，知和（常）曰明："知和曰明"当从乙本作"知常曰明"。淳和的道理叫作"常"，认识常叫作"明"。

4 益生曰祥：纵欲贪生就会招致不幸。益生：纵欲贪生。祥：妖祥，灾异。

5 心使气曰强：让欲望支配精气就叫作逞强。心使气：欲望支配精气。强：逞强。

6 卽：同"既"。

7 含德之厚者：抱有深厚"德"的人。含：怀抱。

8 牝牡之会：性交。

9 朘怒：婴孩生殖器勃起。朘：男孩生殖器。

10 精之至：生命力达到极点。

心使气曰强。物◇则老，胃之不道¹，不道蚤已²。

王本： 含德之厚，比于赤子。蜂虿虺蛇不螫，猛兽不据，攫鸟不搏。骨弱筋柔而握固，未知牝牡之合而全作，精之至也。终日号而不嗄，和之至也。知和曰常，知常曰明。益生曰祥，心使气曰强。物壮³则老，谓之不道，不道早已。

【译文】

怀德深厚的人，好像初生的婴儿。毒虫、毒蛇不会去咬他，猛禽、猛兽不会袭击他。他筋骨柔弱，但拳头握得很紧。他不知道男女交合，但生殖器却常常勃起，这是因为精气充足。他整天号哭却不会气逆，这是因为元气淳和。淳和的道理叫作"常"，认识常叫作"明"。欲念主使精气叫作逞强。事物过于壮盛就会衰老，这就叫不合于道，不合于道就会很快死亡。

---

1 不道：不合乎道。

2 蚤已：过早地灭亡。蚤：通"早"。已：完结、死亡。

3 壮：强壮。

第五十六章
（传世本第五十六章）

【导语】

本章介绍了老子的哲学思想和人生观。老子认为，真正的智者不是通过说教来教育人们，而是通过提高自身修养，超脱尘世的纷争，不露锋芒地面对一切人和物，即做到挫锐、解纷、和光、同尘，就可以达到"玄同"的境界，从而实现理想的人格。在老子的哲学思想中，道即自然，不能被任何规定所束缚，只能通过内省体验来理解。在人生观方面，老子强调加强自我修养，消除私欲的影响，不分亲疏、利害、贵贱，以豁达和无所偏的心态去对待一切人和事，才能达到"玄同"的境界。

【正文】

甲本： ◇◇弗言，言者弗知。塞其闷，闭其◇◇其光，同其埻[1]，坐其兑[2]，解其纷，是胃玄同[3]。故不可得而亲，亦不可得而疏；不可得而利，亦不可得而害；不可◇而贵[4]，亦不可得而浅[5]；故为天下贵。

乙本： 知[6]者弗言，言者弗知。塞其垸，闭其门，和[7]其光，同其尘，锉其兑而解其纷，是胃玄同。故不可得而亲也，亦◇◇而◇◇◇◇而利◇◇◇得而害；不可得而贵，亦不可得而贱；故为天下贵。

---

1 埻：同"尘"。

2 坐其兑：挫磨掉锐气。坐：通"挫"。兑：通"锐"。

3 玄同：玄妙的"同一"境界，也就是"道"的境界。

4 贵：尊重。

5 浅：通"贱"，与贵相对。

6 知：同"智"。

7 和：含混。

王本：知者不言，言者不知。塞其兑，闭其门，挫其锐，解其分，和其光，同其尘，是谓玄同。故不可得而亲，不可得而疏[1]；不可得而利，不可得而害；不可得而贵，不可得而贱。故为天下贵。

【译文】

通过内省领悟道的人，无法用语言表述道的本质；通过语言表述道的人，肯定没有领悟道的本质。塞住嗜欲的孔窍，闭起嗜欲的门径，收敛光芒，混同于尘埃，挫磨掉锐气，消解掉纷扰，这就是深奥的玄同。达到玄同境界的人，已经超脱亲疏、利害、贵贱的世俗范围。所以只有真正合乎道的智者才是天下最可贵的人。

---

1 疏：同"疏"。

第五十七章
（传世本第五十七章）

【导语】

本章集中论述了老子的政治主张——无为而治。老子认为社会混乱的根本原因是统治者过多地干预社会秩序，因此提出"以无事取天下"的治国观点。然而，这种思想在历代统治者中并不被看好，但在每个朝代开国之初通常会发挥作用。老子还认为，在用兵时要出奇制胜，而治国则需要正常秩序。总之，这一章是老子对无为的社会政治观点的概括，虽然充满了脱离实际的幻想成分，但对于头脑清醒的统治者为政治民，是会有益处的。

【正文】

甲本：以正之邦[1]，以畸[2]用兵，以无事取天下[3]。吾何◇◇◇◇也哉？夫天下◇◇◇而民弥[4]贫。民多利器[5]，而邦家兹昬[6]。人多知[7]，而何物[8]兹◇◇◇◇◇◇盗贼◇◇◇◇◇◇◇◇我无为也而民自化[9]，我好静而民自正，我无事[10]民◇◇◇◇◇◇◇◇。

---

1 正：此处指无为、清静之道。之：通"治"，治理。

2 畸：通"奇"，奇巧，诡秘。

3 以无事取天下：用"无为"的方式治理天下。无事：即无为。取天下：治理天下。

4 弥：越、更加。

5 利器：指武器。

6 兹昬：越发混乱。兹：越、更加。昬：同"昏"，这里指混乱。

7 知：通"智"，智慧。

8 何物：邪恶的事。

9 自化：自我化育。

10 无事：无所事事，此主要指不去搅扰、干涉百姓。

乙本：以正之国，以畸用兵，以无事取天下。吾何以知其然也才？夫天下多忌讳，而民弥贫[1]。民多利器◇◇◇◇昏◇◇◇◇◇◇◇◇◇物兹章[2]，而盗贼◇◇是以◇人之言曰：我无为而民自化，我好静而民自正，我无事而民自富，我欲不欲[3]而民自朴[4]。

王本：以正治国，以奇用兵，以无事取天下。吾何以知其然哉？以此[5]：天下多忌讳，而民弥贫；民多利器，国家滋昏；人多伎巧，奇物[6]滋起；法令滋彰，盗贼多有。故圣人云：我无为而民自化，我好静而民自正，我无事而民自富，我无欲而民自朴。

---

1 天下多忌讳，而民弥贫：国家的禁令越多，百姓就越贫苦。忌讳：禁忌、忌讳。

2 章：多。

3 不欲：不贪、没有贪欲。

4 朴：自然状态。

5 此：指下面一段文字。以此即以下面这段话为根据。

6 奇物：邪事、奇事。

【译文】

　　以清静无为之道治国，以奇巧的方法用兵，以不搅扰百姓的方式治理天下。我怎么知道是这种情形呢？根据就在于此：天下的禁忌越多，百姓就会越贫穷；人民的武器越多，国家就会越混乱；人们的技巧越多，妖邪的事情就会越频发；法令越是森严，盗贼就会越多。所以有道的圣人说：我无为，人民就自我化育；我好静，人民就自然富足；我无欲，而人民就自然淳朴。

第五十八章
（传世本第五十八章）

【导语】

本章主要探讨老子的辩证法思想在人生和治国方面的应用。首先，强调灾祸中蕴藏着生机，完美中蕴藏着缺陷，提出"祸，福之所倚；福，祸之所伏"这个被历代学者反复引用的辩证法命题。接着，描述了"圣人"的处事方法，强调做人要低调一点。此外，探讨了正与善的倾覆以及不幸变化的产生原因，并提出了正确面对不幸变化的方法。老子认为，正和善的倾覆往往是由于人们对其过度追求和强求所导致的，因此应该放弃过度固执的思维方式，接受变化和不确定性，不要过于执着于一些虚无的目标。

【正文】

甲本： ◇◇◇◇◇◇◇◇其正察察[1]，其邦夬夬[2]。旤，福之所倚[3]；福，旤之所伏[4]◇◇◇。

乙本： 其正閱閱[5]，其民屯屯[6]。其正察察，其◇◇◇◇◇◇◇◇◇所伏，孰知其极[7]◇无正[8]也，正

---

1 正：通“政”，政治。察察：严密、苛酷。

2 夬夬：通“缺缺”，狡黠、抱怨、不满足之意。

3 旤，福之所倚：灾祸啊，幸福正依傍在它后面。旤：同“祸”。倚：依傍。

4 福，旤之所伏：幸福啊，灾祸正隐藏在它后面。伏：隐藏。

5 其政閱閱：国家的政治宽容。閱閱：同“闵闵”，昏昏昧昧的状态，这里有宽容的意思。

6 屯屯：同“淳淳”，淳朴厚道。

7 极：极限、最后。

8 无正：即无定、没有定准。

◇◇◇善复为◇◇之悉也，其日固久矣。是以方而不割 [1]，兼而不刺 [2]，直而不绁 [3]，光而不眺 [4]。

王本：其政闷闷，其民淳淳；其政察察，其民缺缺。祸兮福之所倚，福兮祸之所伏。孰知其极？其无正。正复为奇，善复为妖 [5]。人之迷，其日固久。是以圣人方而不割，廉而不刿，直而不肆，光而不燿。

【译文】

政治宽厚，人民就淳朴；政治严苛，人民就狡诈。幸福就倚傍在灾祸旁边，灾祸就藏伏在幸福里面。谁能洞悉它们

---

1 方而不割：方正但不会伤害人。割：用刀刃伤害人。

2 兼而不刺：有棱角却不刺伤人。兼：通"廉"，棱角。

3 直而不绁：直率却不放肆。绁：通"肆"。

4 光而不眺：光亮但不刺眼。眺：这里指过分明亮。

5 正复为奇，善复为妖：正的变为邪的，善的变成恶的。正：方正、端正。奇：反常、邪。善：善良。妖：邪恶。

的究竟呢？它们并没有确定的标准。正可以再转变为邪，善可以再转变为恶。人们对此的迷惑，由来已久了。因此，有道的圣人方正而不生硬，有棱角不伤害人，直率而不放肆，光亮而不刺眼。

第五十九章
（传世本第五十九章）

【导语】

　　本章主要探讨老子的"啬"哲学，将其应用于治国与养生。老子认为，"啬"不仅是指对财物的爱惜，更是指在精神上注意积累、养护、存藏根基，培植力量，这是修身养性的重要美德。老子把"啬"作为治国与养生的重要原则和方法，认为只有积累雄厚的德才能真正做到精神上的"啬"，有了德也就接近了道，这与圣人治国联系在一起。老子提出的"啬"也可以解释为节俭的美德，因为他十分重视俭德，这也是道家的思想特征。在治国方面，"治人事天，莫若啬"，即"啬"

是维持国家统治和生命长久的根本原则，也是"长生久视之道"的体现。

【正文】

甲本：◇◇◇◇◇◇◇◇◇◇◇◇◇◇◇◇◇◇◇◇◇◇◇◇◇◇◇◇◇◇◇◇可以有国 [1]。有国之母 [2]，可以长久。是胃深榎固氐 [3] ◇◇◇◇◇道也。

乙本：治人事天 [4] 莫若啬 [5]，夫唯啬，是以蚤服 [6]，蚤服是胃重积◇重积◇◇◇◇◇◇◇◇◇莫知其◇莫知其◇◇◇有

────────

1 有国：保有国家，即可以担负保护国家的责任。

2 有国之母：治理好国家的根本之道。母：根本、原则。

3 深榎固氐：根深蒂固。榎：同"槿"，根。氐：即"柢"。树根向四边伸展的叫作根，向下扎的叫作柢。

4 治人：指治理国家。事天：指存心养性。对"天"的解释有两种，一是指身心，一是指自然。

5 啬：爱惜，保养。

6 蚤服：早做准备。蚤：通"早"。服：通"备"，准备。

国。有国之母，可◇◇◇是胃◇根固氏，长生久视[1]之道也。

王本： 治人事天，莫若啬。夫唯啬，是谓早服；早服谓之重积德[2]；重积德则无不克[3]，无不克则莫知其极[4]；莫知其极，可以有国；有国之母可以长久；是谓深根固柢长生久视之道。

【译文】

治理国家和存心养性，没有比爱惜精力更重要的。爱惜精力，能够早做准备；早做准备，就是不断地积德；不断地积德，就没有什么不能攻克的；没有什么不能攻克，那就无法估量他的力量；具备了这种无法估量的力量，就可以担负治理国家的重任。如此掌握治理好国家的根本之道，国家就

---

1 长生久视：长久维持。久视：久立。

2 重积德：不断地积德。重：多、厚，含有不断的意思。

3 克：战胜。

4 莫知其极：没有人知道他力量的最高点。极：最高点、顶点。

可以长久维持。国运得以长久，这就是根深蒂固、长生久视
的道理。

第六十章
（传世本第六十章）

【导语】

　　本章主要探讨了老子的治国思想，强调了"道"的重要性和治理者的责任。老子强调要以"道"来治理天下，而不是借助于鬼神等神秘力量。老子用"治大国若烹小鲜"比喻治理国家要像煎烹小鱼那样，不要频繁干预，保持恰当的平衡和顺应自然的姿态，体现了一种普遍而成功的治国原则。他认为，如果以"道"来治理，那么各种鬼神就不再显得变化莫测，鬼神、圣人都不会伤害人。因此，德才会得到更好的发挥和传递，从而实现治理国家的目的。

【正文】

甲本： ◇◇◇◇◇◇◇◇◇天下，其鬼不申[1]。非[2]其鬼不神也，其神不伤人也。非其神，不伤人也，圣人亦弗伤◇◇◇不相◇◇德交归焉[3]。

乙本： 治大国若亨小鲜[4]，以道立天下[5]，其鬼不神。非其鬼不神也，其神不伤人也。非其神不伤人也◇◇◇弗伤也。夫两◇相伤，故德交归焉。

王本： 治大国若烹小鲜。以道莅天下，其鬼不神；非其鬼不神，其神不伤人；非其神不伤人，圣人亦不伤人。夫两

---

1 其鬼不申：鬼不起作用。鬼：已经故去的祖宗。申：通"神"，指鬼神显灵。

2 非：不惟、不仅。

3 德交归焉：让人民享受德的恩泽。

4 治大国若亨小鲜：治理大国，要像煎烹小鱼一样。亨：同"烹"。小鲜：小鱼。

5 以道立天下：以道来对待天下。立：同"莅"，降临。

不相伤 [1]，故德交归焉。

【译文】

治理大国，好像煎烹小鱼。用道治理天下，各种鬼神就不再显得神秘莫测了，不是它们不再显得神秘莫测，而是即使它们神秘莫测也难以伤人。不但它们难以伤人，圣人也不会去伤人。这样，圣人和鬼神都不伤人，所以就可以让人民享受到德的恩泽。

---

1 两不相伤：指鬼神和圣人都不伤害人。

第六十一章
（传世本第六十一章）

【导语】

本章主要讲述了老子对治国和国与国关系的政治主张，重点强调大国应该谦虚谨慎，不可因强大而欺压侵略小国。老子认为，大国要像江海谦居下流，才能让天下归心；像娴静的雌柔，以静制胜雄强。在国与国之间的关系中，大国、强国的国策至关重要，决定了人类社会能否得到安宁与和平。因此，老子的用心符合百姓们的愿望。

【正文】

甲本： 大邦者，下流也[1]，天下之牝[2]。天下之郊[3]也，牝恒以靓胜牡[4]。为其靓◇◇宜为下。大邦◇下小◇则取[5]小邦；小邦以下大邦，则取于大邦。故或下以取[6]，或下而取◇大邦者，不过欲兼畜人[7]；小邦者，不过欲入事人[8]。夫皆得其欲[9]◇◇◇为下。

乙本： 大国◇◇◇◇◇◇◇牝也。天下之交也，牝恒以

---

1 下流：江河下游。

2 天下之牝：天下最雌柔的地方。牝：雌性，这里指雌柔的地方。

3 天下之郊：天下交汇的地方。郊：同"交"，交汇、汇合。

4 牡：雄性。

5 取：取得信任、归顺。

6 或下以取：有时大国以谦卑的态度取得小国的归附。下：谦让。或：有时。

7 兼畜人：把人聚在一起加以养护。有人认为，这里指的是大国兼并、占有小国。兼：聚拢起来。畜：饲养，含占有的意思。

8 入事人：侍奉别人，指小国侍奉大国。

9 皆得其欲：都满足了自己的欲望。

静朕牡。为其静也，故宜为下也。故大国以下◇国，则取小国；小国以下大国，则取于大国。故或下◇◇◇下而取。故大国者不◇欲并畜人；小国，不过欲人事人。夫◇◇其欲，则大者宜为下[1]。

王本：大国者下流，天下之交，天下之牝。牝常以静胜牡，以静为下。故大国以下小国，则取小国；小国以下大国。则取大国。故或下以取，或下而取。大国不过欲兼畜人，小国不过欲人事人。夫两者各得其所欲，大者宜为下。

【译文】

大国应该像江河下流一样居于卑下的位置，因为这是天下雌柔的位置，也是天下百川交汇的地方。雌柔常常以清静而胜过雄强，因为清静可以适合处于低下的位置。因此，大国如果能够对待小国谦卑，就能够得到小国的归附。同样，

---

1 **大者宜为下：**大国还是应当处于谦和卑下的地位。

小国如果能够对待大国谦卑，也能够得到大国的信任。由此可见，大国不应该过分想要统治小国，小国也不应该过分想要顺从大国。只有双方都能够相互尊重，才能够各得所愿。在这种情况下，大国更应该保持谦卑处下的态度。

第六十二章
（传世本第六十二章）

【导语】

本章主要是强调了道在社会和个人价值判断中的作用。老子认为，道是普遍存在的规定，是社会价值观和个人判定价值的核心。同时，他指出道的好处和作用，并且强调道在面对世人时应该平等对待。道保护善人，但也不抛弃不善人，有求必应，有过必除。本章的目的在于晓谕人君行无为之政，以及提供了一种新的出路，即使有罪过的人也可以免除罪责，这是很有意义的。

【正文】

甲本：◇者万物之注¹也，善人之葆也，不善人之所葆也²。美言可以市，尊行可以贺人³。人之不善也，何◇◇有。故立⁴天子，置三卿⁵，虽有共之璧以先四马⁶，不善坐而进

---

1 注：通"主"，主宰。

2 善人之葆也，不善人之所葆也：遵循道的善人视它为珍宝，不遵循道的不善人用它来保全自己。葆：前一个同"宝"，后一个同"保"。

3 美言可以市，尊行可以贺人：美好的言词利于交往，可贵的行为可以施惠他人。市：交易。贺：通"嘉"。贺人即嘉人，施惠于人。

4 立：置天子为立。

5 置三卿：设置辅佐君王的三个官职。置：设置。三卿，周朝时所设置的三个辅弼国君的大官，即太师、太傅、太保。

6 共之璧以先四马：这是古代献奉的礼仪。共之璧：古代一种玉，为贵重的礼品。四马：四匹马拉的车，古代只有天子、大臣才能乘坐。

此[1]。古之所以贵此者何也？不胃[2]◇◇得，有罪以免舆[3]！故为天下贵。

乙本： 道者万物之注也，善人之葆也，不善人之所保也。美言可以市，尊行可以贺人。人之不善，何◇◇◇◇立天子，置三乡，虽有◇◇璧以先四马，不若坐而进此。古◇◇◇◇◇◇◇不胃求以得[4]，有罪以免与！故为天下贵。

王本： 道者万物之奥。善人之宝，不善人之所保。美言可以市，尊行可以加人。人之不善，何弃之有？故立天子，置三公，虽有拱璧以先驷马，不如坐进此道。古之所以贵此道者何？不曰：以求得，有罪以免邪？故为天下贵。

---

1 不善：不如。坐：跪。进：古时地位低的人送东西给地位高的人，叫"进"。此：代词，这里指"道"。

2 不胃：岂不是说。

3 有罪以免舆：有罪的人得到道可以免罪吗？

4 求以得：有求就可以得到满足。

【译文】

道是万物的主宰。善人视它为珍宝，不善人用它来保全自己。美好的言词利于交往，可贵的行为可以施惠他人。那么为什么不善人也不肯舍弃道呢？这是因为当天子即位、设置三公时，即使进行了庄严的献礼仪式，包括拱璧在先，驷马在后，其意义仍不及将道献给他们来得重要。自古以来，人们为什么会如此珍视道呢？因为他们相信，只要信仰道，就可以得到它的保护和庇佑，即使犯了过失，也可以得到它的宽恕和赦免。正因为这个原因，天下才如此珍视道。

第六十三章
（传世本第六十三章）

【导语】

本章主要介绍了老子"无为而无不为"的哲学，强调要顺应自然的态度去处理事务，不要用繁琐的禁令去限制人民的生活。老子认为，要想有所作为，就必须从小到大、由易到难地去做。他提倡以"无事"的态度去办事，即从客观实际情况出发，等待条件成熟，水到渠成，事情也就自然而然地完成了。在老子的理想中，圣人也是持无为的态度去为，即顺应自然的规律去为。

【正文】

甲本： 为无为¹，事无事²，味无未³，大小，多少⁴，报怨以德。图难⁵乎◇◇◇◇◇◇◇◇◇天下之难作于易，天下之大作于细，是以圣人冬不为大⁶，故能◇◇◇◇◇◇◇◇◇必多难，是◇◇人犹⁷难之，故终于无难。

乙本： 为无为◇◇◇◇◇◇◇◇◇◇◇◇◇◇◇◇◇乎其细也。天下之◇◇◇易，天下之大◇◇◇◇◇◇◇◇◇◇◇◇◇夫轻若◇◇信，多易必多难，

---

1 为无为：把无为当作为。

2 事无事：把无事当作事。事：做事、从事。无事：不搅扰、不干涉的意思。

3 味无未：把无味当作味。味：玩味。未：同"味"，即指寡淡无味。

4 大小多少：大生于小，多起于少。一说是大的看作小，小的看作大，多的看作少，少的看作多。一说是去其大，取其小，去其多，取其少。

5 图难：处理、解决困难的事。

6 不为大：不自以为大。

7 犹：均、都。

是以耵人◇◇之，故◇◇◇◇

王本： 为无为，事无事，味无味。大小多少，报怨以德图难于其易¹，为大于其细²；天下难事必作于易，天下大事必作于细。是以圣人终不为大，故能成其大。夫轻诺³必寡信⁴，多易必多难。是以圣人犹难之，故终无难矣。

【译文】

在做事时，应该采取无为而无不为的方式，以平静的心态去面对一切，把平淡无味当作一种味道。只有从小处着手，从少到多，用恩德回报仇怨，才能最终实现大的目标。解决难题的关键在于从易处入手，而取得成就的秘诀则是从微不

1 于其易：从容易的地方入手。于：从。易：容易的地方。

2 为大于其细：做大事要从细小的地方入手。为大：做大事情。细：细微的地方。

3 轻诺：轻易许诺。

4 寡信：很少守信用。信：守信用。

足道的小事做起。因此，圣人不自居高位，始终保持谦逊，因而能够成就大事。轻易许诺往往会失信于人，而把事情看得太简单则会遭遇更多的困难。圣人总是以谨慎的态度看待问题，认为每个问题都很复杂，因而最终都能化险为夷，无往而不胜。

第六十四章
（传世本第六十四章）

【导语】

本章主要讲述了老子对于事物发展变化的辩证法以及如何持之以恒实现成功的观点。老子认为，任何事物的发展都有自身生成、变化和发展的过程，人们应该了解这个过程，对于可能发生祸患的环节给予特别注意，杜绝它的出现。同时，老子也强调"大生于小"的观点，即大的东西无不从细小的东西发展而来。为了实现成功，必须持之以恒，从小事做起，始终保持事情初始时的热情和韧性。最后，老子主张无为、无执，让人们依照自然规律办事，树立必胜的信心和坚强的毅力，耐心地一点一滴去完成。

【正文】

甲本： 其安[1]也，易持[2]也◇◇◇◇◇◇◇◇◇◇◇◇◇◇◇◇◇◇◇◇◇◇◇◇◇◇◇◇◇◇◇◇◇◇◇毫末[3]。九成[4]之台，作于羸土[5]。百仁[6]之高，台于足◇◇◇◇◇◇◇◇◇◇◇◇◇◇也◇无败◇无执也，故无失也。民之从事也，恒于其成事而败之，故慎终若始，

---

1 安：稳定、安定。

2 持：维持、掌握。

3 毫末：指细小的萌芽。

4 成：通"层"。

5 羸土：一筐筐的土。羸：同"　"，指盛土的筐，引申为堆积、积累。

6 仁：通"仞"，古时八尺或七尺为一仞。

则◇◇◇◇◇◇◇◇欲不欲[1]，而不贵难得之胁[2]；学不学[3]，
而复众人之所过[4]；能辅[5]万物之自◇◇弗敢为。

乙本：◇◇◇◇◇◇◇◇◇◇◇◇◇◇◇◇◇◇◇◇◇◇◇

◇◇◇◇◇◇◇◇◇◇◇◇◇◇◇◇◇◇◇◇◇◇◇木，生于毫

末。九成之台，作于藁土。百千之高，始于足下。为之者败

之，执者失之。是以耴人无为◇◇◇◇◇◇◇◇◇◇◇◇◇民

之从事也，恒于其成而败之，故曰：慎冬若始，则无败事矣。

是以耴人欲不欲，而不贵难得之货；学不学，复众人之所过，

能辅万物之自然[6]，而弗敢为。

---

1 欲不欲：向往别人所不向往的。前一个"欲"为动词，向往。不欲 不向往的。

2 胁：同"货"。

3 学不学：以"不学"为学。前一个"学"是动词，学习。

4 复众人之所过：从错误的道路走上正确的道路。作"返"讲。

5 能辅：能够用来辅助。

6 自然：天然非人为的。

王本： 其安易持，其未兆 [1] 易谋 [2]。其脆 [3] 易泮 [4]，其微 [5] 易散 [6]。为之于未有 [7]，治之于未乱。合抱之木，生于毫末；九层之台，起于累土；千里之行，始于足下。为者败之，执者失之。是以圣人无为故无败，无执故无失。民之从事，常于几成而败之。慎终如始，则无败事。是以圣人欲不欲，不贵难得之货；学不学，复众人之所过。以辅万物之自然，而不敢为。

【译文】

事情安稳时易持守，事变无预兆时易谋划。事物脆弱时易破裂，微小时易散失。预先做好准备，未乱之前治理祸患。

_____

1 未兆：没有征兆或迹象。

2 谋：图谋、谋划。

3 脆：硬而易碎。

4 泮：分散、分解。

5 微：微小。

6 散：零落。

7 为之于未有：在事情未发生时就把它做好。为：做、处理。未有：没有发生。

大树从小芽生，高台由筐筐土积聚，攀登高山从脚下开始。

强行行事必定失败，执意把持必定失去。因此圣人无为而不败，

无执而不失。人常于成功前失败。所以要慎终如始才能避免

失败。圣人无欲无求，不珍视物质财富。圣人以"不学"为学，

引导人从错误的道路返回正确的道路，辅助万物自然而不敢

妄为。

第六十五章
（传世本第六十五章）

【导语】

　　本章主要讲为政的原则。有种观点认为，本章是讲"君人南面之术"。也就是说，不外乎为统治阶级出谋划策，而且谋划的是阴险狡诈之术。但结论可能过于草率，老子希望人们不要被智巧、争夺搞得心迷神乱，不要泯灭原始的质朴、淳厚的人性，要因自然。文中所讲的"愚"，其实是质朴、自然的另一表述。

【正文】

甲本：故曰：为道者[1]非以明民[2]也，将以愚之[3]也。民之难◇◇◇◇知[4]也。故以知知邦[5]，邦之贼[6]也；以不知知邦◇◇德也。恒知此两者，亦[7]稽式[8]也；恒知稽式，此胃玄德。玄德深矣，远矣，与物◇矣，乃至大顺[9]。

乙本：古之为道者，非以明◇◇◇◇◇之也。夫民之难治也，以其知也。故以知知国，国之贼也；以不知知国，国之德也。

---

1 为道者：践行道的人。

2 非以明民：不教给人民知识使他们变得智巧伪作。以：用。明：精巧，奸诈。

3 愚之：使之愚，即使人民淳朴自然。愚：敦厚、朴实，没有巧诈之心。

4 知：机巧伪诈。

5 以知知邦：以智巧治理国家。第一个"知"，指智巧，第二个"知"指治理、统治。

6 贼：伤害。

7 亦：乃，为。

8 稽式：准则、法则。

9 大顺：循自然规律。

恒知此两者，亦稽式也；恒知稽式，是胃玄德。玄德深矣，远矣◇物反[1]也，乃至大顺。

王本： 古之善为道者，非以明民，将以愚之。民之难治，以其智多。故以智治国，国之贼；不以智治国，国之福。知此两者亦稽式。常知稽式，是谓玄德。玄德深矣，远矣，与物反矣，然后乃至大顺。

【译文】

所以说，在古代，善于为道的人不是为了教导人民如何欺骗、虚伪，而是教导人民保持淳朴和朴实。人们之所以难以治理，是因为他们过度使用智巧和心机。因此，用智巧和心机治理国家必然会危害国家，而不用智巧和心机治理国家，则是国家的幸福。理解这两种治国方式的差异，就是一种法则，了解遵循这种法则，就被称为玄德。玄德深不可测，远不可知，它可以将具体的事物回归至真朴，然后才能极大地顺应自然。

---

1 反：同"返"，指复归于真朴，返回自然。

第六十六章
（传世本第六十六章）

【导语】

　　本章主要探讨的是老子的政治哲学，强调了"善下""不争"的原则。老子以江海为例，借用自然现象来说明"善下"的重要性，认为处于低处的人们需要具备宽厚的胸怀和善于报效社会的个人质量。同时，老子强调统治者应该处于下、居后的位置，才能更好地包容和宽厚地对待百姓。因此，本章可以被理解为一种提倡谦虚、谨慎、宽容的政治理念。

【正文】

甲本：◇海之所以能为百浴王者[1]，以其善下之[2]，是以能为百浴王。是以圣人之欲上民[3]也，必以其言下之[4]；其欲先◇◇必以其身后之。故居前而民弗害[5]也，居上而民弗重[6]也。天下乐隼而弗猒[7]也。非以其无静[8]与◇◇◇◇◇◇静。

乙本：江海所以能为百浴◇◇◇其◇下之也，是以能为百浴王。是以取人之欲上民也，必以其言下之；其欲先民也，

---

1 为：是、成为。百浴：百川。浴：通"谷"。王：有归往、汇聚之意。

2 以其善下之：由于它善于自居低下。

3 上民：统治人民。上：指地位在上，引申为统治。

4 以其言下之：用他的言行表示谦下。以：用。言：言词、言行。下之：自居低下。

5 害：妨害、灾害。

6 重：累，不堪。

7 天下乐隼而弗猒：天下人愿意推崇、爱戴他且永不厌弃。隼：通"推"，举荐。猒：同"厌"，厌恶。

8 静：当竞争讲。

必以其身后之。故居上而民弗重也，居前而民弗害。天下皆乐谁而弗猒也。不以其无争与，故◇下莫能与争。

王本： 江海所以能为百谷王者，以其善下之，故能为百谷王。是以欲上民，必以言下之。欲先民，必以身后之。是以圣人处上而民不重，处前而民不害。是以天下乐推而不厌。以其不争，故天下莫能与之争。

【译文】

江海之所以成为百川汇聚之地，是因为它处于低地，容易汇聚众流。因此，一个圣人要领导人民，必须以谦卑的言辞对待人民，并把人民的利益放在自己的利益之上，做出表率。圣人居于人民之前，但不会对人民造成损害；居于人民之上，但不会使人民感到压迫。因此，人民喜欢推举和拥戴他，并且没有人可以与他竞争，因为他不与人民相争。

第六十七章
（传世本第八十章）

【导语】

　　本章主要讲述了老子对于理想社会的描绘，他认为小国寡民、自给自足、淳朴敦厚、安定恬淡的生活方式是一种理想化的社会状态。老子的这种设想是一种幻想，但反映了古代哲学家对于社会和政治的理想和治国理念。通过描绘田园牧歌和世外桃源式的社会模式，他表达了对中国古代原始社会自由自在的生活方式的向往和追求。在这种社会中，没有压迫、没有剥削、没有战争和掠夺，人们过着单纯、质朴的生活。这一章呈现了一个充满田园气息的农村欢乐图，也反映了老子的社会政治理想。

【正文】

甲本： 小邦募民[1]，使十百人之器[2]毋用，使民重死[3]而远徙[4]。有车周[5]无所乘之[6]；有甲兵[7]无所陈[8]◇◇◇◇◇◇◇用

---

1 小邦募民：使国家变小，使人民稀少。这是老子基于氏族社会生活所构想的理想社会。募：同"寡"。

2 使十百人之器：即使相当于十倍、百倍人工的器具。使：即使。十百之器：各种各样的器具。十百：意为极多，多种多样。

3 重死：怕死、看重生命，不轻易冒生命的危险。重：看重、重视。

4 远徙：朝远处迁移。徙：迁移、搬家。

5 车周：车船。周：同"舟"。

6 无所乘之：没有用车船的必要。小国寡民状态使人们无所向往，所以不用车船。

7 甲兵：指武器装备。甲：铠甲。兵：兵器。

8 无所陈：没有用于陈列武器装备的地方。小国寡民的状态，使人们与外人无争，所以武器、军队在这里没有用处。陈：陈列；一说同"阵"，作动词用，意思是摆列阵势。

之。甘其食，美其服，乐其俗，安其居 [1]，粼 [2] 邦相望，鸡狗之声相闻，民至◇◇◇◇◇◇。

乙本： 小国寡民，使有十百人器而勿用，使民重死而远徙。又周车无所乘之；有甲兵无所陈之；使民复结绳而用之 [3]。甘其食，美其服，乐其俗，安其居，叟 [4] 国相望，鸡犬之◇◇闻，民至老死不相往来。

王本： 小国寡民，使有什伯之器而不用，使民重死而不远徙。虽有舟舆，无所乘之，虽有甲兵，无所陈之。使人复结绳而用之。甘其食，美其服，安其居，乐其俗。邻国相望，鸡犬之声相闻，民至老死不相往来。

---

1 甘其食，美其服，乐其俗，安其居：使人民吃得香甜，穿得漂亮，过得习惯，住得安适。

2 粼：同"邻"。

3 复结绳而用之：再用结绳的办法来记事。复：再。文字产生以前，人们以绳记事。

4 叟：同"邻"。

【译文】

使国家变小，使人民稀少。虽然有各种各样的器具，却并不使用。人民重视死亡，不向远方迁徙。虽然有船只和车辆，却没有乘坐的需要。虽然有武器装备，却没有地方去布阵打仗。使得人民回到远古结绳记事的自然状态。国家治理得十分出色，给人民提供了甜美的饮食、美丽的衣服、欢乐的习俗和安适的居所。虽然国与国之间相望可及，鸡犬的叫声都能互相听到，但人民从出生到死亡，却不互相往来。

第六十八章
（传世本第八十一章）

【导语】

本章主要是介绍了三对范畴，信与美、善与多（辩）、知与博，这实际上是关于真假、美丑、善恶的问题。老子试图说明某些事物的表面现象和其实质往往并不一致，其中包含丰富的辩证法思想，是评判人类行为的道德标准。按照这三条原则，以信言、善行、真知来要求自己，做到真、善、美在自身的和谐。按照老子的思想，就是重归于朴，回到没有受到伪诈、智巧、争斗等世俗的污染之本性。人生的最高境界是真、善、美的结合，而以真为核心。

【正文】

甲 本： ◇◇◇◇◇◇不◇◇者不博◇者不知善◇◇◇◇者不善。圣人无积[1]◇以为◇◇◇◇◇◇◇◇◇◇◇◇◇◇◇◇◇◇◇◇◇。

乙本： 信言不美[2]，美言不信[3]。知者不博[4]，博者不知。善者不多，多者不善[5]。耵人无积，既以为人，己俞有[6]；既以予[7]人矣，己俞多。故天之道，利而不害[8]；人之道，为而弗争。

---

1 圣人无积：有道的人不自私，没有占有欲望。积：私自保留、积藏。

2 信言不美：真实的话不漂亮。信言：真实可信的话。美：漂亮、华丽。

3 美言不信：华丽的言谈不诚实。

4 知者不博：有道的人学识不广博。博：广博、渊博。

5 善者不多，多者不善：善良的人忠厚而不自夸，自夸的人往往不善良。多：自夸。

6 既以为人，己俞有：尽全力帮助别人，自己反而更加充足。既：全部。俞：更加。有：富有。

7 予：给予。

8 利而不害：使万物得到好处而不伤害万物。

王本： 信言不美，美言不信。善者不辩，辩者不善。知者不博，博者不知。圣人不积，既以为人己愈有，既以与人己愈多。天之道，利而不害；圣人之道，为而不争。

【译文】

真诚的话并不一定漂亮，漂亮的话不一定真诚。合乎大道的人不见得拥有广博的学识，广博的学识者不一定合乎大道。善良的人忠厚而不自夸，自夸的人往往不善良。圣人不会为自己私藏任何东西，尽全力帮助别人，这样他反而会更加富有；给予别人的越多，得到的也就越多。因此，天之道对万物有益且绝不残害它们；圣人之道则是有所为却不争强好胜。

第六十九章
（传世本第六十七章）

【导语】

　　本章中，老子将道的原则引入政治和军事领域，提出了三条处世准则：慈、俭、不敢为天下先。其中，慈是最重要的一条，柔慈以宽容为上，能几乎无往而不胜；俭能约束欲望的蔓延，让万物效用发挥到极限；不敢为天下先则要谦虚退让，不争不抢，否则自取灭亡。老子认为所有争端都是因为违反这三条原则，只有透彻理解这个世界并谦和无争地对待一切，才能拥有无穷的生命力。这对于个人和社会都有重要的启示。

【正文】

甲本： ◇◇◇◇◇◇◇◇◇◇夫唯◇故不宵[1]。若宵，细久矣[2]。我恒有三葆[3]之。一曰兹，二曰检◇◇◇◇◇◇◇◇◇◇◇◇◇故能广；不敢为天下先，故能为成事长[4]。今[5]舍[6]其兹，且[7]勇[8]；舍其后，且先则必死矣。夫兹◇◇则胜，以[9]守则固。天将建[10]之，女以兹垣[11]之。

---

1 不宵：不像具体的事物。宵：通"肖"，像、相似。

2 若宵，细久矣：如果可以掌握的话，它已经琐碎不堪很久了。

3 葆：同"宝"。

4 事长：万物的首领。事：指万事万物。长：首长。

5 今：假若，如果。

6 舍：放弃。

7 且：求取，追求。

8 勇：勇武。

9 以：用，指使用慈爱。

10 建：支持。

11 垣：同"援"，援卫。

乙本： 天下◇胃我大 [1]，大而不宵。夫唯不宵，故能大。若宵，久矣其细也夫。我恒有三琛 [2]，市而琛之。一曰兹，二曰检，三曰不敢为天下先。夫兹，故能勇 [3]；检，敢能广 [4]；不敢为天下先，故能为成器 [5] 长。今舍其兹，且勇；舍其检，且广；舍其后，且先，则死矣。夫兹，以单 [6] 则朕，以守则固。天将建之，如以兹垣之。

王本： 天下皆谓我道大，似不肖。夫唯大，故似不肖。若肖，久矣其细也夫！我有三宝，持而保之。一曰慈，二曰俭，三曰不敢为天下先。慈故能勇；俭故能广；不敢为天下先，故能成器长。今舍慈且勇，舍俭且广，舍后且先，死矣！夫慈，

---

1 胃我大：说"道"很大。"我"指的是"道"，"我"不是老子用作自称之词。

2 琛：同宝。

3 夫兹，故能勇：慈爱所以能勇迈。兹：同慈，慈爱、宽容。

4 检，敢能广：节俭所以能厚广。检：同俭，节俭，行为约束有节制。广：宽广、广泛。

5 器：万物。

6 单：同战。

以战则胜，以守则固。天将救之，以慈卫之。

【译文】

天下人都说"道"非常广博，好像难以具体掌握。但正因为它广博无边，所以才难以具体掌握。如果容易掌握的话，那"道"早就变得琐碎不堪了。我有三个宝贝，必须永久珍藏保护。第一个是慈柔，第二个是俭约，第三个是不敢居于天下人之前。有了慈爱就可以勇往直前，有了俭约就能收获丰厚，而不敢居于天下人之前，则成为天下万物的首长。现在，放弃慈柔而追求勇武，舍弃俭约而追求奢侈，抛弃退让而追求争先，必然走向毁灭之路！用慈柔的方式征战就会获胜，用慈柔的方式守卫国家就会根基牢固。上天要救助谁，就会用慈爱来佑护谁。

第七十章
（传世本第六十八章）

【导语】

在本章中，老子阐述了他的战争观，反对武力，认为真正的胜利是兵不血刃，强调和平解决纷争。老子认为，最理想的统帅应该是甘居人下，海纳百川，以广博的心胸包容一切事物的圣人，而不是穷兵黩武的霸主。本章的核心思想是阐明上一章所讲的"夫慈，以战则胜，以守则固"的道理，强调不争而达到争的原则。

【正文】

甲本： 善为¹ 士² 者不武³，善战者不怒，善胜敌者弗◇善用人者为之下◇胃不诤之德，是胃用人，是胃天，古之极⁴也。

乙本： 故善为士者不武，善单者不怒，善朕敌者弗与⁵，善用人者为之下。是胃不争◇德，是胃用人，是胃肥天⁶，古之极也。

王本： 善为士者，不武；善战者，不怒；善胜敌者，不与；善用人者，为之下；是谓不争之德，是谓用人之力，是谓配天古之极。

---

1 为：治理，管理。

2 士：这里指的是领兵打仗的人，即将帅。

3 不武：不逞勇武。

4 古之极：自古以来最高的准则。极：准则、标准。

5 弗与：不与人争斗。

6 肥天：祭天时以祖先配享。肥：同"配"。

【译文】

善于带兵打仗的将帅，不是通过展示自己的勇武来取胜；善于打仗的人，不轻易激怒对方；善于战胜敌人的人，不与敌人正面冲突；善于用人的人，对人表现出谦虚和低调的态度。这叫作具备不争之德，这叫作善于用人的能力，这叫作天道，是自古以来最高的准则。

第七十一章
（传世本第六十九章）

【导语】

  本章从军事学的角度探讨以退为进的处世哲学。老子认为，战争应以守为主，通过守而取胜，反对战争，同时体现了他处世哲学中的退守和居下原则。在本章中，介绍了"哀兵必胜，骄兵必败"的军事名言，强调哀、慈、柔等道理，并强调不争之德。和前两章相呼应，旨在明确道德准则。

【正文】

甲本： 用兵有言曰：吾不敢为主[1]而为客[2]，吾不进寸而芮[3]尺。是胃行无行[4]，襄无臂[5]，执无兵[6]，乃无敌[7]矣。蹓莫于于无适[8]，无适斤亡吾吾葆矣。故称兵相若[9]，则哀[10]者胜矣。

乙本： 用兵又[11]言曰：吾不敢为主而为客，不敢进寸而退

---

1 为主：主动发起战争。主：战争时的主动采取攻势。

2 为客：即采取守势。客：指战争双方中采取守势的一方。

3 芮：通"退"。

4 行无行：虽然有阵势就像没有阵势。第一个"行"指行军，第二个"行"指军队行列。

5 襄无臂：虽然要奋臂，却像没有臂膀可举。襄：同"攘"。

6 执无兵：虽然手持兵器，却像没有兵器可用。执：拿、持。兵：指兵器。

7 乃无敌：虽然面对敌人，却像没有敌人可攻。乃：这里指对抗。

8 无适：指缺乏作战经验。适：通"敌"。

9 称兵相若：双方兵力相当。称：相对抗。兵：指军队。相若：相当。

10 哀：怜悯、同情，引申为慈爱、慈悲。

11 又：有。

尺。是胃行无行，攘无臂，执无兵，乃无敌。祸莫大于无敌，无敌近亡吾跛矣。故抗兵相若，而依[1]者朕◇。

王本：用兵有言：吾不敢为主而为客，不敢进寸而退尺。是谓行无行，攘无臂，扔无敌，执无兵。祸莫大于轻敌，轻敌几丧吾宝。故抗兵相加，哀者胜矣。

【译文】

用兵的曾言："我不敢主动进攻，而采取守势；不敢前进一寸，而宁可后退一尺。"这意味着，尽管你的军队已经形成了阵势，但要表现得像没有阵势，虽然你可以挥舞着兵器，但要像没有兵器一样，这样就可以让敌人无从下手。轻敌是造成灾难的主要原因，轻敌几乎会让你失去"三宝"。因此，在两支军队实力相当的情况下，拥有慈悲怜悯之心的一方将会获胜。

---

1 依：同哀。

第七十二章
（传世本第七十章）

【导语】

本章是老子对当时统治者失望的情绪的流露，他提出的政治主张很容易理解、实行，却没有得到实践。老子的治国理念只有他幻想中的圣人才能实现，而现实中却必须适应统治阶层的利益才能被采纳和实行。因此，本章是专为掌权者而言的，而文中的"我""吾"等词则可以视为道的人格化。老子试图对人们的思想和行为进行探索，讲述深奥的道理，却不能被人们理解和实行，因而感叹"知我者希"。在前面的章节中，老子提出了许多合乎道、本于自然的政治理念，但人们却追求名利，违背了无为的原则。

【正文】

甲本： 吾言甚易知也，甚易行也；而人莫之能知也，而莫之能行也。言有君，事有宗[1]。夫唯[2]无知[3]也，是以不◇◇◇◇◇◇◇我贵矣。是以圣人被褐而裹玉[4]。

乙本： 吾言易知也，易行也；而天下莫之能知也，莫之能行也。夫言又[5]宗，事又君。夫唯无知也，是以不我知。知者希，则我贵矣[6]。是以取人被褐而裹玉。

王本： 吾言甚易知，甚易行。天下莫能知，莫能行。言

---

1 言有君，事有宗：言论有一定的主旨，行事有一定的根据。君、宗：都是有所本的意思。

2 唯：因为。

3 无知：指别人不理解。说自己无知。

4 被褐而裹玉：身穿粗布衣服，怀里却揣着美玉的人。被 同"披"，穿的意思。褐：穷人穿的粗布衣服。裹：同"怀"，怀揣。玉：美玉，这里指精神层面。

5 又：有。

6 则我贵矣：效法我的更为难得。则：法则，效法之意。贵：难得。

有宗，事有君。夫唯无知，是以不我知。知我者希，则我者贵。是以圣人被褐怀玉。

【译文】

　　我的言论容易理解、容易实行，却没有得到实践。我的话有明确的目的，我的行为有深刻的根据。但因为人们不了解这个道理，所以也就不了解我。了解我的人越少，能够借鉴我思想的人就更加难得。这就是为什么有道的圣人外表看似平凡，却内心怀揣着珍贵的智慧，就像是穿着粗布衣却怀揣着美玉一样。

第七十三章
（传世本第七十一章）

【导语】

　　本章主要探讨老子对知识和自知之明的态度。他认为真正的智慧就是知道自己的不知，而不是妄自尊大。世人往往因为拘泥于自己有限的知识而无法有所长进。老子的"知不知，尚矣。不知知，病矣"，表明了知识论的内容，即知识始于感觉，而真正的智慧在于超越感觉范畴中的知，进入观念领域中的不知。他呼吁人们正视自己的无知，不断超越自我，这并非不思进取，而是具有韬光养晦的含义。庄子也说过"吾生也有涯，而知也无涯"，认为人生短暂，世界无限，所以永远都是无知的。

【正文】

甲本： 吾知不知 [1]，尚 [2] 矣；不不知知，病 [3] 矣。是以圣人之不病，以其◇◇◇◇◇◇。

乙本： 知不知，尚矣；不知知 [4]，病矣。是以耶人之不◇也，以其病病 [5] 也，是以不病。

王本： 知不知，上；不知知，病。夫唯病病，是以不病。圣人不病，以其病病，是以不病。

【译文】

知道自己仍有不足之处，这是高明之举；若不知道自身

---

1 知不知：知道自己还有所不知。

2 尚：通"上"，引申为高明。

3 病：毛病、缺点。

4 不知知：不知道自己不知道（却自以为知道）。

5 病病：把缺点当作缺点。第二个病，名词作动词，把……当作缺点。

的缺点，这便是一种不足。因此，圣人之所以能够不断完善

自己，是因为他们视缺点为缺点，不断改进自我，以臻至无

缺之境。

第七十四章
（传世本第七十二章）

【导语】

本章是对统治者提出的警示，旨在敦促统治者具备圣人的智慧，了解并爱惜自己，绝不自抬身价，善待民众，以免失去民心。如果统治者失去了自知之明，妄自尊大，置人民于水火而不顾，欺压和剥削人民，就会失去民心，最终落得众叛亲离、身首异处的下场。人们应该摆脱对金钱、权势、名誉的欲求，更要有自知之明，以便完善自己的人性。

【正文】

甲本： ◇◇◇畏畏[1]，则大◇◇◇矣。毋闸其所居[2]，毋猒其所生[3]。夫猒唯弗，是◇◇◇◇◇◇◇◇◇◇◇◇◇而不自贵也。故去被取此。

乙本： 民之不畏畏，则大畏[4]将至矣。毋闸[5]其所居，毋猒其所生。夫唯弗猒，是以不猒[6]。是以耵人自知而不自见[7]也，自爱而不自贵也[8]。故去罢而取此[9]。

---

1 畏畏：害怕压迫。第二个"畏"指压迫、威压。

2 毋闸其所居：不要迫使民众无法安居。闸：同"狎"，狭迫的意思。

3 毋猒其所生：不要压制民众谋生的出路。猒：压制。

4 大畏：大的威胁，灾祸。

5 闸：同"狎"。

6 夫唯弗猒，是以不猒：只有不压迫民众，才不会遭受民众厌弃。前一个"猒"指压迫。后一个"猒"指厌恶。

7 自知而不自见：有自知之明却不自我表现炫耀。见：同"现"，表现。

8 自爱不自贵也：圣人但求自爱而不求自显高贵。

9 去罢而取此：舍去"自见""自贵"，而取"自知""自爱"。罢：与"被""彼"通。

王本： 民不畏威，则大威至。无狎其所居，无厌其所生。夫唯不厌，是以不厌。是以圣人自知不自见；自爱不自贵。故去彼取此。

【译文】

当民众不再害怕威压的时候，可怕的灾难就会降临。因此，统治者应该避免扰乱民众的安居和谋生之路，不要逼迫民众，才能赢得他们的支持。为此，圣人应当追求真正的自知和自爱，而不是追求炫耀自己的高贵。因此，我们应该舍弃炫耀高贵的行为，追求真正的自知之明。

第七十五章
（传世本第七十三章）

【导语】

本章主要讲述人生哲学，包括柔弱胜于坚强和天道自然两个层面。这两个层面之间相互沟通。老子认为，勇有两种不同的表现，会带来两种不同的结果：一是遭受伤害；二是生存。他说："勇于敢则杀，勇于不敢则活。"自然界中，只要万物遵循自然规律变化和发展，就会得到好的结果，没有什么遗漏。老子在这里提出了自然无为的人生哲学，读者可以从中获得灵感和启发。

【正文】

甲本： 勇 于 敢 者 ◇ ◇ ◇ 于 不 敢[1] 者 则 栝[2]◇◇◇◇◇◇◇◇◇◇◇◇◇◇◇◇◇◇◇不言而善应[3]，不召而自来，弹[4]而善谋◇◇◇◇◇◇◇。

乙本： 勇于敢则杀[5]，勇于不敢则栝◇两者或利或害[6]，天之所亚，孰知其故？天之道[7]，不单而善朕，不言而善应，弗召而自来，单而善谋。天罔裎裎[8]，疏而不失[9]。

---

1 不敢：不敢做。

2 栝：同"活"，有自保之意。

3 应：回答、响应。

4 弹：宽缓、安然的样子。

5 勇于敢则杀：做事鲁莽则有杀身之祸。勇：鲁莽、无所顾忌。

6 两者或利或害："勇"的两种结果，一种有利，一种有害。

7 天之道：自然规律。

8 天罔：指自然的范围。罔：同"网"。裎裎：广大、宽大。

9 疏：稀疏。失：漏失。

王本：勇于敢则杀，勇于不敢则活。此两者，或利或害。天之所恶，孰知其故？是以圣人犹难之。天之道，不争而善胜，不言而善应，不召而自来，缮然[1]而善谋。天网恢恢，疏而不失。

【译文】

勇于坚强只会导致死亡，而勇于柔弱则可以生存。这两种勇的结果可能是得益或受害。我们无法知道天所厌恶的事情是因为什么原因，即使是有道德的圣人也很难解释清楚。自然的规律是不斗争能取胜，不言语能应对，不召唤能自然到来，坦然应对并善于安排筹划。自然是广阔无边的，虽然它是宽容的，但从不会有任何漏失。

·

---

1 缮然：安然。

第七十六章
（传世本第七十四章）

【导语】

本章讲述了老子对于当时统治者施行苛政和酷刑，滥杀百姓，压制民众的批评和抗议。老子认为，人的自然死亡由"司杀者杀"的天道掌管，但人间的君主残暴无道，把人民推向死亡线上，这从根本上悖逆了自然法则。因此，老子认为人的生死是由天道决定的，应该顺应"道"的规则走到尽头。本章重点表达了老子对于当时严刑峻法、逼使人民走向死途的情形的谴责和不满。

【正文】

甲本： ◇◇◇◇◇◇◇奈何以杀愳[1]之也？若民恒是死，则而为[2]者吾将得[3]而杀之，夫孰敢矣。若民◇◇必畏死，则恒有司杀者[4]。夫伐[5]司杀者杀，是伐大匠斲[6]也。夫伐大匠斲者，则◇不伤其手矣。

乙本： 若民恒且不畏死，若何[7]以杀瞿[8]之也？使民恒且畏死，而为畸[9]者◇得而杀之，夫孰敢矣。若民恒且必畏死，恒

---

1 愳：同"惧"。

2 为：做、从事。

3 得：抓捕。

4 司杀者：古代司命之神，掌握自然生命极限。这里指天道。

5 伐：代替。

6 大匠斲：手艺高超的木匠砍木头。斲：砍、削。

7 若何：奈何。

8 瞿：同"惧"。

9 畸：邪恶。

又司杀者。夫代司杀者杀，是代大匠斲。夫代大匠斲，则希 [1] 不伤其手。

王本：民不畏死，奈何以死惧之？若使民常畏死，而为奇者，吾得执 而杀之，孰敢？常有司杀者杀，夫代司杀者杀，是谓代大匠斲，夫代大匠斲者，希有不伤其手矣。

【译文】

如果人民都不畏死，为什么还要用死亡威胁他们呢？如果人民都害怕死亡，那么我们可以抓住那些罪大恶极的人，将他们处决，这样其他人就不敢再为非作歹了。但如果人民都非常害怕死亡，就必须有专门负责执行杀人任务的人。让其他人代替执行这个任务，就像让木匠砍木头一样，很少有不割伤自己的手的。

---

1 希：同“稀”，很少。

第七十七章
（传世本第七十五章）

【导语】

　　本章中老子对统治者的苛政和经济剥削进行了抨击，并呼吁统治者要善待民众，重视生命。他警告说，如果统治者不杜绝奢靡无度的享受，只顾追求自己的利益，最终会导致社会的动荡和不安。老子认为，宽容的政治比暴虐的政治要高明得多，只有善待人民，重视他们的生命，才能真正实现治理天下的目标。在民众与统治者的矛盾对抗中，老子认为，剥削和高压是政治祸乱的直接原因，只有通过宽容的政治和善待民众，才能实现社会的和谐与稳定。

【正文】

甲本： 人之饥也，以其取食送¹之多也，是以饥。百姓之不治也，以其上有以为²◇是以不治。民之巠死³，以其求生之厚⁴也，是以死。夫唯无以生为⁵者，是贤贵生⁶。

乙本： 人之饥也，以其取食跣⁷之多，是以饥。百生之不治也，以其上之有以为也◇以不治。民之轻死也，以其求生之厚也，是以轻死。夫唯无以生为者，是贤贵生。

---

1 取食送：征收赋税。送：同"税"。

2 有以为：违背自然规律的强作妄为。

3 巠死：以死事为轻，不怕死。

4 以其求生之厚：因为统治者太过重视自己而过度贪求。求生：养生。厚：奢厚。

5 无以生为：不过分奢求个人生活享受。

6 是贤贵生：指过分享乐。是：这。贤：胜过、超过。贵生：厚养生命，重视享乐。

7 跣：同"税"。

王本： 民之饥，以其上食税之多，是以饥。民之难治，以其上之有为，是以难治。民之轻死，以其求生之厚，是以轻死。夫唯无以生为者，是贤于贵生。

【译文】

统治者搜刮过多的赋税，导致民众陷于饥荒；贪图名利、为所欲为的统治者难以治理民众；而统治者不惜一切代价保养自己的身体和生命，却导致民众不爱惜生命，冒死反抗。因此，那些恬淡自然，不以养生保命为重的人，比那些刻意在乎生命的人更加贤明。

第七十八章
（传世本第七十六章）

【导语】

本章以生活中常见的现象为出发点，阐述了老子主张贵柔、处弱的思想。老子通过观察人、自然界的现象，认为柔弱的东西更有生命力，坚强的东西则更容易死亡。因此，他主张人们不应逞强斗胜，而应该柔顺谦虚，以此来培养良好的处世修养。这种直观的、经验的认识，可以说是老子处弱、贵柔思想的认识论之根源。

【正文】

甲本： 人之生也柔弱[1]，其死也菹㓝贤强[2]。万物草木之生也柔脆[3]，其死也栌㙲[4]。故曰：坚强者死之徒[5]也；柔弱微细生之徒[6]也。兵[7]强则不胜，木强则恒[8]。强大居下，柔弱微细居上。

乙本： 人之生也柔弱，其死也脴信坚强。万◇◇木之生也柔椊，其死也栌槁。故曰：坚强死之徒也，柔弱生之徒也◇以兵强则不朕，木强则竞[9]。故强大居下，柔弱居上。

---

1 人之生也柔弱：人活着的时候其身体是柔软的。生：生存、生活。

2 其死也菹㓝贤强：人死了以后身体就僵硬了。㓝：僵硬挺伸。

3 柔脆：草木活着时形质的柔软而娇嫩的特征。

4 栌㙲：草木死后的干枯特征。栌：同"枯"。㙲：干枯。

5 死之徒：死亡的一类。徒：指同一种类。

6 生之徒：有生命力的一类。

7 兵：军队或兵力。

8 恒：通"烘"，指树木被砍伐后遭焚烧。

9 竞：终。

王本： 人之生也柔弱，其死也坚强。万物草木之生也柔脆，其死也枯槁。故坚强者死之徒，柔弱者生之徒。是以兵强则不胜，木强则兵。强大处下，柔弱处上。

【译文】

当人活着时，身体是柔软的，而死亡后身体会变得僵硬。草木在生长初期也是柔软脆弱的，而在死亡后则变得干硬枯槁。因此，我们可以认为，坚强的事物属于死亡的一类，而柔弱的事物则属于生长的一类。在这个基础上，我们可以得出一个结论：靠武力逞强就必然灭亡，树木高大就会遭到砍伐。凡是强大的，总是处于下位趋于末日穷途，凡是柔弱的，反而居于上位趋于方兴未艾。

第七十九章
（传世本第七十七章）

【导语】

本章主旨是探讨"天之道"和"人之道"的不同，老子认为"天之道"是柔顺而公平的自然法则，而"人之道"则充斥着争斗和不公。他以"损有余而补不足"的自然现象来反对"损不足以奉有余"的不合理现象，并提出了社会财富平均化和人类平等的观念。这一思想是对统治者苛政和老百姓生活困苦的批判，表现了老子的民本思想。同时，老子出于对自然界和人类社会的观察，认为一切事物在其相互对立的矛盾中都具有同一性。

【正文】

甲本： 天下◇◇◇◇◇者也。高者印之[1]，下[2]者举之；有余[3]者敚[4]之，不足[5]者补之。故天之道，敚有◇◇◇◇◇◇◇◇不然，敚◇◇◇奉有余。孰能有余而有以取奉于天者乎◇◇◇◇◇◇◇◇◇◇◇◇◇◇◇◇◇◇见贤也。

乙本： 天之道[6]，酉张弓也。高者印之，下者举之；有余者云之，不足者◇◇◇◇◇◇云有余而益不足。人之道[7]，云不足而奉又余。夫孰能又余而◇◇◇奉于天者？唯又道者乎。

---

1 高：指弦位高。印：通"抑"，压，往下压。

2 下：弦位低了。

3 有余：指弦拉得过满。

4 敚：同"损"，减少，指把弓弦放松。

5 不足：指弦没有拉开。

6 天之道：天的常理或自然规律，属于自然。

7 人之道：社会的一般法则。属于人为。

是以耶人为而弗又，成功而弗居[1]也，若此其不欲见[2]贤[3]也。

王本：天之道，其犹张弓与？高者抑之，下者举之；有余者损之，不足者补之。天之道，损有余而补不足。人之道则不然，损不足以奉有余。孰能有余以奉天下？唯有道者。是以圣人为而不恃，功成而不处，其不欲见贤。

【译文】

自然规律，不就像拉弓射箭一样吗？弦拉得太高就压低一些，拉得太低就抬高一些；拉得过满就放松一些，拉得不足就加力拉满一些。因此，自然规律是减少有余的补充不足的，但是社会的法则却是剥夺不足的，用来奉献有余的人。那么谁能够用有余的来补足天下的不足呢？只有有道的人才能做到。因此，有道的圣人有所作为却不占有，有所成就却不居功，不愿炫耀自己的才华。

———————

1 居：拥有、享有。

2 见：同"现"，表现。

3 贤：多才。

第八十章
（传世本第七十八章）

【导语】

　　本章以水为例，通过展示水的柔弱和穿透力来说明弱可以胜强、柔可以胜刚的道理。老子认为水虽然柔弱，但是它具有不可抵挡的力量，因此，老子所讲的软弱、柔弱，并不是通常人们所说的软弱无力的意思。此外，老子还阐扬了卑下屈辱的观念，认为卑下屈辱反而能够保持高高在上的地位，具有坚强的力量。本章后面的"正言若反"集中概括了老子的辩证法思想，认为相反相成的言论在某种条件下可以具有统一性，互相包含、融合、渗透、同一、一致，体现了概念的灵活性和对立概念的流动、转化。

【正文】

甲本： 天下[1]莫柔◇◇◇◇◇坚强者莫之能◇也，以其无◇易◇◇◇◇◇◇◇胜强，天◇◇◇◇◇◇◇◇行也。故圣人之言云，曰：受邦之詗[2]，是胃社稷之主[3]；受邦之不祥[4]，是胃天下之王◇◇若反。

乙本： 天下莫柔弱于水◇◇◇◇◇◇◇◇◇以其无以易之[5]也。水之朕刚也，弱之朕强也，天下莫弗知[6]也，而◇◇◇也。是故耵人之言云，曰：受国之詗，是胃社稷之主；受国之不祥，是胃天下之王。正言若反[7]。

---

1 天下：天下万物。

2 受邦之詗：承担国家的屈辱。受：承受。詗：同"诟"，屈辱。

3 是胃社稷之主：可以称为国家的君主。社稷：指国家。

4 受邦之不祥：承担国家的灾难。不祥：灾难。

5 无以易之：没有可以代替它。以：用。易：代替。

6 天下莫弗知：天下人没有知道的。

7 正言若反：正面的话好像反话一样。

王本：天下莫柔弱于水，而攻[1]坚强者莫之能胜[2]。其无以易之。弱之胜强，柔之胜刚，天下莫不知莫能行。是以圣人云：受国之垢，是谓社稷主；受国不祥，是为天下王。正言若反。

【译文】

水是世间最柔弱的物质，然而它却能攻克坚固的障碍物。因为没有任何物质能够取代它的作用。水胜于刚，弱胜于强，这是广为人知的道理。但是很少有人能够真正做到这一点。有智慧的人曾说过："只有承担全国的屈辱，才能真正称得上国家的君主；只有承担全国的祸难，才能够胜任天下的君王。"这些话听起来似乎是反着说的，但实际上是在强调一个重要的道理。

---

1 攻：攻击、进攻。

2 莫之能胜：没有能够超过水的。胜：超过。

第八十一章
（传世本第七十九章）

【导语】

　　本章主要讨论了为政者在治理国家时应当注意不要激化与民众之间的矛盾，因为积怨太深会难以和解，不要用税赋去榨取民众、用刑政去钳制民众，否则会构怨于民。在此基础上，老子呼吁人们要做有德行善之人，顺应自然法则，不要与人结下怨仇，劝告统治者实行清静无为之政，辅助民众而不干涉他们，给予民众而不向他们索取，这样才能避免积蓄怨仇，这是治国行政的上策。肆意盘剥、搜刮，随意施用严刑峻法约束、限制人民，则会与民结怨，这是治国行政的下策。

【正文】

甲本： 和[1]大怨，必有余怨，焉可以为善[2]？是以圣右介[3]，而不以责[4]于人。故有德司介[5]◇德司彻。夫天道无亲[6]，恒与[7]善人。

乙本： 禾大◇◇◇◇◇◇◇◇为善？是以圣人执[8]左芥[9]而不以责于人。故又德司芥，无德司彻[10]◇◇◇◇◇◇◇◇。

---

1 和：调和、调解。

2 焉可以为善：这哪里能够算好呢？

3 介：契据、凭证。介：通"契"，债权人所持的契约。古代以竹木简为契约，分左右两片，以右为尊，左契待相合而已，而右契可以责偿。

4 责：索取偿还，即债权人以自己持有的契据向负债人索取所欠的财物。

5 司介：指掌管契据的人。

6 无亲：没有偏亲偏爱。

7 与：帮助。

8 执：持有、拿着、掌握。

9 左芥：与帛书甲本中"右介"含义相同。

10 司彻：指管租税的人。彻：通"彻"，春秋时期的税法。

王本： 和大怨，必有余怨，安可以为善？是以圣人执左契，而不责于人。有德司契，无德司彻。天道无亲，常与善人。

【译文】

即使和解了深重的怨恨，仍会留下些许怨恨。用德报答怨恨并不是最好的方法。有道的圣人会保存借据的存根，但不会强迫别人偿还债务。有德的人就像持有借据的人那样宽容，无德的人就像掌管税收的人那样苛刻刁诈。自然法则不偏袒任何人，只会永远帮助有德的善人。

道经

传世本《道德经》 上篇

第一章
（传世本第一章）

【导语】

本章主要介绍了老子关于"道"的哲学观念。老子认为世界本生于无，"道"从"无"中创造并主宰世界。道是一种运动变化的规律，宇宙万物包括自然界、人类社会和人的思维等，一切运动都是遵循道的规律而发展变化的。道超越感官，不在时空之中，是万能的，也是不可说的，无法用语言来准确描述。同时，本篇也介绍了老子将名与道一同提出来，涉及思维与存在的关系问题，在老子看来，存在是第一性的，思维是第二性的，实先于名，决定名。

【正文】

甲本：道，可道也，非恒道也[1]。名，可名也，非恒名也[2]。无，名万物之始也；有，名万物之母也[3]◇恒无欲也，以观其眇；

---

1 道，可道也，非恒道也：这三个"道"字语境意义不同，但彼此之间具有内在联系。其中，第一个和第三个"道"字，乃是老子首先提出来的哲学范畴；第二个"道"字是动词，在这里的意思是用言语来说明"道"。"非恒道"这句话以否定句阐述了作为宇宙万物本源的"道"是不可名状的。非：表否定，不是。恒：恒常、永远。

2 名，可名也，非恒名也：此句有三个"名"字。其中，第一个和第三个"名"字，亦是老子哲学的重要范畴。先秦时代人们所说的"名"，指名词和概念，认为"名"是对"实"即客观事物的真实性和本质的反映，是人们表述思想的工具。凡名必须副实，才是确切的名，否则即无意义。第二个"名"字，用作动词，指用言词正确地表达概念。

3 无，命名万物之始；有，命名万物之母也：用"无"表述天地之前的混沌未开；用"有"来表述天地万物的本原。名：动词，命名、称呼。始：本始、开端。有名。母：本源。

恒有欲也，以观其所噭[1]。两者同出[2]，异名同胃，玄[3]之有玄，众眇之◇。

乙本： 道，可道也◇◇◇◇◇◇◇◇◇恒名也。无，名万物之始也；有，名万物之母也。故恒无欲也◇◇◇◇恒又欲也，以观其所噭。两者同出，异名同胃，玄之又玄，众眇之门[4]。

王本： 道，可道，非常道。名，可名，非常名。无，名天地之始；有，名万物之母。故常无欲，以观其妙；常有欲，以观其徼。此两者同出而异名，同谓之玄，玄而又玄，众妙之门。

---

1 恒无欲也，以观其眇；恒有欲也，以观其所噭：经常体"无"，以观照"道"的奥妙；经常体"有"，以观照"道"的边际。眇：通"妙"。噭：界限、踪迹。

2 两者同出：指"无"与"有"同出于"道"。

3 玄：老子哲学中一个重要的概念，幽味深远的意思。老子研究的是"道"，"道"的形而上性质决定了它是神秘幽昧、深不可测的。

4 众眇之门：万千事物变化的总门，也是通往宇宙本源之门。

【译文】

　　"道"是难以用语言准确表述的概念。语言所能表达的只是"道"的一种形式，而不是它永恒不变的本质。同样，"名"也是可以被说出来的，但说出来的"名"并不是真正的"名"。我们可以用"无"来形容"道"，因为"无"是万物之始；或者用"有"来形容"道"，因为"有"是万物的根源。因此，我们需要从"无"中体悟"道"的奥妙，从"有"中观察"道"的端倪。虽然"无"与"有"的名称不同，但它们都源于"道"的玄妙深奥之处。实际上，"道"的玄妙深奥是非常超凡脱俗的，它是通向宇宙万物终极奥秘之门的钥匙。

第二章

（传世本第二章）

【导语】

本章中，老子从哲学根本问题的高度探讨了人与世界的关系，尤其是美与丑、善与恶的存在方式。他指出，要从辩证的角度来把握审美关系和评价关系，即美和善的存在方式就是存在于丑和恶之中。尽管这种论述是高度抽象的，但它从根本上理清了人与世界关系的状况。接着，老子列举了相互对立的事物，如有无、难易、长短、高下、音声、前后等，阐述了相互对立是事物存在的普遍形式。他认为，每个事物都有其对立的一面，而这两个对立的方面相互依存、相互影响。

因此，人们应该采取"无为"的态度，以辩证法的原则指导人们的社会生活，帮助人们寻找顺应自然、遵循事物客观发展规律的方式。

【正文】

甲本： 天下皆知美为美，恶已[1]；皆知善，訾[2]不善矣。有无之相生也[3]，难易之相成也，长短之相刑[4]也，高下之相盈也[5]，意声之相和也[6]，先后之相隋，恒也。是以声人[7]居[8]无为[9]

---

1 天下皆知美为美，恶已：天下都知道美所以是美，是因为丑的观念产生了。恶：丑。

2 訾：通"斯"，连词，则。

3 有无之相生也："有""无"，指现象界事物的显或隐。

4 刑：通"形"，形体，这里引申为比较形状大小的意思。

5 高下之相盈也：高与下相互补充。盈：多余。引申为相互比较。

6 意声之相和也：乐器的音色和人的歌声相互应和。意：同"音"。

7 声人：即圣人。帛书甲本《道经》中，圣人均写作声人。

8 居：这里指处世行事。

9 无为：顺应自然而为，这是老子哲学的核心概念之一。

之事，行◇◇◇◇◇◇◇◇◇◇也，为而弗志也[1]，成功而弗居[2]也。夫唯居，是以弗去[3]。

乙本： 天下皆知美之为美，亚已；皆知善，斯不善矣◇◇◇◇生也，难易之相成也，长短之相刑也，高下之相盈也，音声之相和也，先后之相隋，恒也。是以耶人居无为之事，行不言之教[4]。万物昔而弗始，为而弗侍也，成功而弗居也。夫唯弗居，是以弗去。

王本： 天下皆知美之为美，斯恶已。皆知善之为善，斯不善已。故有无相生，难易相成，长短相较，高下相倾，音声相和，前后相随。是以圣人处无为之事；行不言之教。万物作焉而不辞，生而不有，为而不恃，功成而弗居。夫唯弗居，是以不去。

---

1 为而弗志也：培育万物却不自恃其能。志：通"恃"，依靠、依仗。

2 居：自我夸耀。

3 是以弗去：因此"圣人"的功绩永恒不灭。是：这。以：因为。弗：不。

4 行不言之教：指非形式条规的督教，而为潜移默化的引导。不言：不发号施令、不滥用政令，喻少说多做，重潜移默化。

【译文】

众所周知，美的存在是因为丑的对比，善的存在是因为恶的对比。有和无相互形成，难和易相互促进，长和短相互比较，高和下相互显现，音和声彼此谐和，前和后相互连接。这些对比元素形成了恒久不变的规律。因此，圣人采取无为的态度，不言而喻地教导，让万物自然生长，不干涉，不占有，不自夸，只为万物尽力而不自居功。正是因为这样，他们的功德才得以永存。

第三章
（传世本第三章）

【导语】

　　本章中，老子阐述了他独特的财富观，强调了贤、货、可欲三者都与人的物欲密切相关。在一个没有物欲争夺的社会中，整个社会都很和谐，实现了无为而治的境界，达到了"则无不治矣"的理想状态。然而，在春秋时期，"尚贤则民争，贵难得之货则民为盗，见可欲则民乱"。因此，老子主张不崇尚财富，不珍视罕见之物，以避免引发欲望。这样，整个社会回归淳朴，达到至德之世的境界。老子深刻分析了诱惑的弊端，认为诱惑之物会引发人们的欲望，一旦被挑起，便难以遏制。为此，他提出了"不上贤，使民不争"的解决方法，强调"虚其心，实其腹，弱其志，强其骨"，让人们远离欲望的干扰，以实现"弗为而已"的境界。

【正文】

甲本： 不上贤[1]◇◇◇◇◇◇◇◇◇◇◇◇民不为◇◇◇◇◇◇民不乱。是以声人之◇◇◇◇◇◇◇◇◇◇强其骨恒使民无知无欲也，使◇◇◇◇◇◇◇◇◇◇◇

乙本： 不上贤，使民不争[2]。不贵难得之货[3]，使民不为

---

1 不上贤：不崇尚多财。上：崇尚。贤：多财。关于"贤"，多家注本解释为"才德"，本书取"多财"之意，依据是《说文》注："贤，多财也。"

2 不争：不争夺财富。

3 不贵难得之货：不看重珍稀昂贵之物。

盗¹。不见可欲²，使民不乱。是以耵人之治也，虚其心³，实其腹⁴，弱其志⁵，强其骨⁶。恒使民无知无欲⁷也，使夫知不敢⁸，弗为而已⁹，则无不治¹⁰矣。

王本： 不尚贤，使民不争；不贵难得之货，使民不为盗。不见可欲，使民心不乱。是以圣人之治：虚其心，实其腹，弱其志、强其骨。常使民无知无欲，使夫智者不敢为也。为无为，则无不治。

---

1 盗：偷窃。

2 不见可欲：不炫耀那些能引起人们贪欲的东西。见：同现，显示、显耀。可欲：足以引起贪欲的事物。

3 虚其心：净化人们的内心，让人们的纯朴简单。虚：空虚。

4 实其腹：填饱人们的肚腹。实：填充、填塞。

5 弱其志：削弱人的贪欲之志。弱：削弱。

6 强其骨：使人们的身体健康。强：强壮。

7 无知无欲：没有伪诈的心智，没有争盗的欲念。知：通"智"。

8 使夫知不敢：使那些虚伪的人不敢有为。

9 弗为而已：以"无为"的原则去"为"。

10 治：天下得到治理。

【译文】

有道的治国者不推崇财富，以避免民众的争斗心理；不过分重视稀有财物，以避免民众的盗窃欲望；不炫耀容易引起贪婪的事物，以避免民众被迷惑。因此，有道的治国者应该净化人民的心灵，使其生活安稳、满足，同时弱化私欲，增强体魄。这样就能使民众不容易产生伪善和欲念，防止自作聪明的人任意妄为。如果治理者能够贯彻无为而治的原则，就不会出现治理不善的情况。

第四章
（传世本第四章）

【导语】

本章中，老子深入探讨了"道"的本质和作用，认为它是宇宙的根源，是一切存在的本质和动力。老子强调，尽管"道"本身是虚无的，因此能够包容一切，是存在万物的基础和来源。同时，老子也指出，由于"道"超越了言语和概念的界限，所以人们无法直接理解和表达它的本质。因此，他运用一系列的比喻和隐喻来描述"道"的表象作用，以使人们能够更好地理解和感知它的存在和作用。最后，老子将天帝降到屈从于"道"的地位，进一步强调了"道"的绝对地位和无可替代。

【正文】

甲本：◇◇◇◇◇◇◇盈也。潚[1]呵，始万物之宗。铧其，解其纷，和其光，同◇◇◇◇◇或存。吾不知◇◇◇子也，象帝之先[2]。

乙本：道冲[3]，而用之有弗盈[4]也。渊呵，似万物之宗。铧其兑，解其芬，和其光，同其尘[5]。湛呵[6]。似或存[7]。吾不知其谁之子也，象帝之先。

---

1 潚：同"渊"。

2 象帝之先：好像在天帝之前就已经有了。象：好像。帝：天帝。

3 道冲：道是虚空的。冲：古字为"盅"，引申为虚空。

4 用之有弗盈：因此永远不会竭尽。用之：因此。盈：充满的意思，引申为尽头。

5 铧其兑，解其纷，和其光，同其尘：消磨它的锐利，消解它的纷争，调和隐蔽它的光芒，把自己混同于尘俗。四个"其"字，都是说道本身的属性。兑：通"锐"。和：隐蔽。同：混同。尘：尘俗。

6 湛：意为深沉，隐没，形容道的隐而无形，但又确实存在的状态。呵：叹词。

7 似或存：好像是存在的，又好像不存在。

173

王本： 道冲，而用之或不盈。渊兮，似万物之宗。挫其锐，解其纷，和其光，同其尘。湛兮似或存。吾不知谁之子，象帝之先。

【译文】

道是无形、虚幻的，因此永远无法被穷尽。它深邃无比，是世间万物的宗主。它消磨了锐气，化解了纷争，隐蔽了光芒，混同于尘俗。它无形无象，如影随形，既存在又似乎不存在。道的起源无从得知，似乎早在天帝降临之前就已经存在了。

第五章
（传世本第五章）

【导语】

本章中，老子通过"天地不仁，以万物为刍狗；声（圣）人不仁，以百省（姓）为刍狗"这句话，表达了自然界和人类社会中的平等思想。老子认为，万物平等，人类社会中人人平等，这是由于"道"本身就代表了一种公平。在此基础上，老子提出了统治者所应该秉承的治世之道，"多闻数穷，不若守于中"，这也进一步说明了"无为"之道。通过这些思想，老子提出了一种人文主义的哲学思想，强调人与自然的和谐共存，强调平等、和平与宽容的价值观。

【正文】

甲本： 天地不仁[1]，以万物为刍狗[2]；声人不仁[3]，以百省[4]◇◇狗。天地◇◇◇犹橐籥[5]与？虚而不淈[6]，蹱而俞出。多闻数穷[7]，不若守于中[8]。

乙本： 天地不仁，以万物为刍狗；耶人不仁◇百姓为刍狗。

---

1 天地不仁：天地不是人格神，没有意志，无私无欲、无知无觉、无憎无爱。天地：自然。仁：并非儒家所说的仁义，这里指私爱、偏爱。

2 刍狗：古时候祭祀时用草扎成的狗，使用后即被抛弃掉。此处被当作一个喻体。

3 声人不仁：圣人无所偏爱。声：即"圣"。

4 百省：百姓。省：通"姓"。

5 橐籥：风箱。以橐籥的功能比喻自然的功能，自然是生生不息的。

6 虚而不淈：空虚却不枯竭。淈通"屈"，竭、尽。

7 多闻数穷：政令繁多，加速败亡。多闻：意指政令繁多。数：通"速"。穷：败亡。

8 守于中：持守虚静的道。中：通"冲"，虚空无为。

天地之间，其犹橐籥与？虚而不淈，勤¹而俞出。多闻数穷，不若守于中。

王本：天地不仁，以万物为刍狗；圣人不仁，以百姓为刍狗。天地之间，其犹橐籥乎？虚而不屈，动而愈出。多言数穷。不如守中。

【译文】

天地对待万物平等，没有仁慈偏爱之分，就像对待刍狗一样。圣人对待百姓也平等，没有仁慈偏爱之分，就像对待刍狗一样，不去干涉人们的自由选择和自然发展。天地之间，犹如一个风箱，空虚而不枯竭，越是鼓动风，风就越多，生生不息，无穷无尽。因此，一个国家政令繁琐反而会使人迷失方向、难以执行，不如坚持守虚静之道。

---

1 勤：同"动"。

第六章
（传世本第六章）

【导语】

在本章中，老子通过比喻和借代的手法，进一步阐述了道的存在形式、根本属性和派生功能。他以远古具有生殖崇拜的谷神作为象征，比喻道是宇宙间万物的源头和根基，是生命和能量的源泉，具有无穷无尽的创造力和生命力。道的作用是广泛而深远的，它孕育着宇宙万物，推动着宇宙的不断循环和演变。因此，道是一种永恒存在的力量，具有无限的可能性和影响力。

【正文】

甲本：浴神◇死，是胃玄牝[1]。玄牝之门，是胃◇地之根[2]。綿綿呵若存[3]，用之不堇[4]。

乙本：浴神不死[5]，是胃玄牝。玄牝之门，是胃天地之根。綿綿呵其若存，用之不堇。

王本：谷神不死，是谓玄牝。玄牝之门，是谓天地根。

---

1 牝：指深远微妙又不可见的生产万物的生殖器官。玄：幽深。牝：母性的生殖器官，指生殖。"玄牝"的说法反映了中国远古的生殖崇拜，是老子概括的玄想概念之一。它已超越了生殖经验，成为万物起源的本源，是一种哲学意识。

2 根：本源、依据。

3 綿綿呵若存：若隐若现地存在于天地间。綿綿：同"绵绵"，即冥冥，形容无形、不可见的样子。

4 堇：通"勤"，尽、穷竭。

5 浴神不死：永恒永存的道。浴：通"谷"，有夫妇的意思。谷神：即生育之神，喻指道。不死：死而复生，即永生。

緜緜若存，用之不勤。

【译文】

　　生育之神永生不灭，象征着神秘的生命力永存，类似于道的存在形式。这种无形的生命力开启了天地万物的源头之门，类似于道的根本属性。虽然它无形无质，但它不断流转，孕育生命，永不止息，犹如道的派生功能。

第七章
（传世本第七章）

【导语】

在本章中，老子主要阐述了圣人的处世哲学，提出了"利他"的观点。他借用天道来论述人道，将天地的运作不为自己的特性比喻为圣人的行为没有贪私的心念。老子认为，理想中的圣人应该能"后其身""外其身"，不把自己的私利摆在前头，将天下的利益置于自身利益之上。这样"利他"往往能转化为"利己"。这种先人后己的精神，对后来的人们是有启迪意义的。

【正文】

甲本: 天长地久。天地之所以能◇且久者,以其不自生[1]也,故能长生[2]。是以声人芮其身而身先[3],外其身而身存[4]。不以其无◇與[5]? 故能成其私[6]。

乙本: 天长地久。天地之所以能长且久者,以其不自生也,故能长生。是以取人退其身而身先,外其身而身先,外其身而身存。不以其无私與? 故能成其私。

王本: 天长地久。天地所以能长且久者,以其不自生,

---

1 以其不自生: 因为天地的运作不为自己,或其生存不为自己。以: 因为。自生: 自己的生存状态。

2 长生: 长久存在。

3 芮其身而身先: 把自身放在众人后面,反而得到众人的爱戴与拥护。"芮(后)其身"是一种谦让与收敛的精神。芮: 通"退"。身: 身份地位。

4 外其身而身存: 把个人置之度外,反而能够保全生命。

5 與: 通"与"。

6 成其私: 成就自己的目标。私: 指个人的目的、理想。

故能长生。是以圣人后其身而身先，外其身而身存。非以其

无私邪？故能成其私。

【译文】

天长地久。天地能够长久存在的原因是，它们在运行中不去强求自己的生存，所以才能够长久存在。因此，圣人应该能够先人后己，这样反而能赢得别人的爱戴；而把自己的生死置于度外，则反而能保全自己的生命。这正是由于圣人无私的缘故，反而能够成就自己。

第八章
（传世本第八章）

【导语】

在本章中，老子用水的特性来比喻高尚品德者的人格，认为他们应该像水一样柔顺、卑微、滋润万物而不争。完善的人格也应该具有这种心态和行为，不但做有益于众人的事而不争，还应愿意去做别人不愿意做的卑微工作，承担责任，为他人贡献自己的力量。这是老子"善利万物而不争"的核心思想。

【正文】

甲本： 上善治水[1]，水善利万物而有静[2]。居众之所恶[3]，故几于道[4]矣。居善地，心善渊[5]，予善[6]，信[7]，正善治[8]，事善

---

1 上善治水：最善的人就像水一样。上善：即最善。治：通"似"，好像。

2 水善利万物而有静："有"字的含义具有"有"与"无"的双重性。水善利万物不仅无争，也可有争。水可温柔、可暴烈，但这两种状态在水中是统一的，正如"有"将有与无统一于自身。因此，"有争"的另一面是"无争"，即不争。此句要表达的是追求"上善"须选择水的温柔利人"不争"的一面。善利：善于利物，即善于滋润万物。静：即"争"。

3 居众之所恶：居处在众人不愿去的地方。居：处在。

4 几于道：最接近于道。几：接近。

5 渊：深的意思。

6 予善：与人交往。予：通"与"。

7 信：诚实、守信用。

8 正善治：为政则国泰民安。正：通"政"。

能¹，躂善时²。夫唯不静，故无尤³。

乙本：上善如水，水善利万物而有争。居众人之所亚，故几于道矣。居善地，心善渊，予善天，言善信，正善治，事善能，动善时。夫唯不争，故无尤。

王本：上善若水，水善利万物而不争。处众人之所恶，故几于道。居善地，心善渊，与善仁，言善信，正善治，事善能，动善时。夫唯不争，故无尤。

【译文】

上善的人就像平和的水一样。平和的水能够滋润万物而不与万物相争，停留在众人不喜欢的地方，因此最接近于道。

---

1 事善能：做事善于发挥特长。

2 躂善时：行动善于抓住时机。躂：通"动"，行动。

3 夫唯不静，故无尤：因为有与世无争的美德，所以才没有过失。尤：过失、错误。

至善的人应该像水一样善于选择居住的地方，内心深沉而平静，待人真诚友爱且无私，说话恪守信用，善于精简政务，善于发挥自己的所长来处理事务，行动善于把握时机。至善的人能够拥有不争的美德，所以他们的行为不会犯过失，也不会招致怨咎。

第九章
（传世本第九章）

【导语】

在本章中，主要谈论了"盈"的问题，强调了适可而止的重要性。老子认为过度的表现会招致灾祸，如锋芒毕露、富贵而骄、居功贪位等。人们应该知道进退之道，懂得合理地掌握事物的度，不要被名利冲昏头脑。"盈"的结果将不免于倾覆的祸患，所以老子谆谆告诫人们不可盈，一个人在成就了功名之后，就应当身退不盈，才是长保之道。同时，本章还强调了"功遂身退"的重要性，认为急流勇退可以保全天年。从本质上讲，"功遂身退"是革新、除旧布新、生物的进化、社会的进步，具有积极意义。

【正文】

甲本： 插而盈之[1]，不◇◇◇◇◇兑◇之◇可长葆之。金玉盈室，莫之守也。贵富而骄[2]，自遗咎也[3]。功述身芮[4]，天◇◇◇。

乙本： 插而盈之，不若其已[5]。掬而兑之[6]，不可长葆也。金玉◇室，莫之能守也。贵富而骄，自遗咎也。功遂身退，

---

1 插而盈之：拿着的容器水已经满了。插：通"持"，手执、手捧。

2 骄：同"骄"。

3 自遗咎也：给自己招来灾祸。遗：赠送，此处当招致讲。咎：祸。

4 功述身芮：功成名就之后，不再身居其位，而应适时退下。功述：事业成功。身芮：指隐退，敛藏锋芒。芮：通"退"。

5 不若其已：不如适可而止。已：止。

6 掬而兑之：把铁器磨得又尖又利。掬：同"揣"，捶击。兑：锐利，后来写作"锐"。

天之道也¹。

王本: 持而盈之，不如其已。揣而梲之，不可长保。金玉满堂，莫之能守。富贵而骄，自遗其咎。功遂身退，天之道。

【译文】

执持盈满不如适时停止，过度显露锋芒，锐势难以保持长久。即便金玉满堂，也无法长久地守藏；如果富贵到了骄横的程度，那就是自己留下了祸根。功成名就之后，应该自行隐退，这才是符合天道的。

---

1 天之道也：即自然规律。

第十章
（传世本第十章）

【导语】

本章中，主要阐述了修身之道的重要性以及如何领悟"道"的真谛。老子用六个问句对悟"道"之法进行了总结，强调了必须洗涤自己的心灵，使得形神一体。只有像初生的婴儿那样神思纯真凝聚，呼吸柔顺自然，才能真正领悟"道"的真谛，进而培养"德"。本章着重讲了修身的功夫，要求人们将精神和形体合一而不偏离，即将肉体生活与精神生活相和谐。只有做到了心境极其静定，洗清杂念，摒除妄见，懂得自然规律，加深自身的道德修养，才能够实现爱民治国。

【正文】

甲本：◇◇◇◇◇◇◇◇◇◇◇◇能婴儿¹乎？修²除玄蓝³，能毋疵乎？◇◇◇◇◇◇◇◇◇◇◇◇◇◇◇◇◇◇◇◇生之畜⁴之，生而弗◇◇◇◇◇◇◇◇德。

乙本：载营袙抱一⁵，能毋离乎？抟气⁶至柔，能婴儿乎？修除玄监，能毋有疵乎？爱民栝⁷国，能毋以知乎？天门⁸启

---

1 婴儿：老子经常使用的一个概念，具有柔弱性、自然性、平衡性的特点。

2 修：通"涤"，洗，扫除。

3 玄蓝：观照内心深处。玄：幽远、微妙。蓝：即"监"，关照、借鉴。

4 养育、繁殖。

5 载营袙抱一：指魂和魄（精神与形体）合而为一。载：语气助词，相当于"夫"。营袙：指魂魄，袙，同"柏"。抱一：合一。这个"一"就是"道"。抱一意为魂魄合而为一，二者合一即合于道。

6 抟气：集中精气、排除杂念。抟：同"抟"，集中而不分散。气：精气，指生命的活力。

7 栝：通"治"。

8 天门：有多种解释。一说指耳目口鼻等人的感官；一说指兴衰治乱之根源；

阖¹，能为雌²乎？明白四达，能毋以知乎？生之畜之，生而弗有，长而弗宰也，是胃玄德³。

王本： 载营魄抱一，能无离乎？专气致柔，能婴儿乎？涤除玄览，能无疵乎？爱民治国，能无知乎？天门开阖，能无雌乎？明白四达，能无为乎？生之畜之，生而不有，为而不恃，长而不宰，是谓玄德。

【译文】

一说是指自然之理；一说是指人的心神出入即意念和感官的配合等。此处依"感官说"。

1 启阖：动静、变化和运动。即感官进行视、听、嗅、言、食等生命活动的动作。

2 为雌：即守静的意思。

3 玄德：玄秘而深邃的德性。

　　能否实现精神和形体完全的统一？能否聚集精气以至柔顺，达到婴儿般的状态？能否在清除杂念时，无瑕地观照内心深处？能否在治国爱民时，实现无为而治？能否在感官开合时，保持内心静定？能否在通晓万物时，避免虚伪？创造万物、滋养万物，让它们自然而生，而不是主宰它们，这就是"玄德"。

第十一章
（传世本第十一章）

【导语】

本章中，老子阐述了有和无之间的相互依存关系以及无形的东西所具有的作用。他通过车、器皿、房屋三个例子来说明有和无的相互作用，并强调了无对于有的重要性。老子认为整个世界存在的普遍方式，无论是具体的实物还是抽象的理念，都体现了"有"与"无"的关系。他认为"无"始终代表了"有"，"有"必有"无"，因为有形的物品的存在是依赖于无形的东西的。老子的哲学思考强调了宇宙的整体性和相互依存性。

【正文】

甲本： 卅[1]◇◇◇◇◇其无◇◇之用◇。燃埴为器，当其无[2]，有埴器◇◇◇◇◇◇当其无，有◇◇用也。故有之以为利，无之以为用[3]。

乙本： 卅楅[4]同一毂[5]，当其无，有车之用[6]也。燃埴而为

---

1 卅：三。

2 当其无：正是由于器皿内部有空间，才使得器皿具备了盛装物品的功能。

3 有之以为利，无之以为用："有"给人以便利，"无"便发挥出它的作用。有：指事物的实体。无：中空的地方。

4 楅：即"辐"，指的是车轮中连接轴心和轮圈的木条。古时的车轮由三十根辐条所构成。此数取法于每月三十日的历数。

5 毂：车轮中心的圆孔，车轴从当中穿过。

6 当其无，有车之用：有了车毂中空的地方，才有车的作用。无：指毂的中间空的地方。

器[1]，当其无，有埴器之用也。凿户牖[2]，当其无，有室之用也。故有之以为利，无之以为用。

王本：三十辐共一毂，当其无，有车之用。埏埴以为器，当其无，有器之用。凿户牖以为室，当其无，有室之用。故有之以为利，无之以为用。

【译文】

三十根辐条装配在车轮的毂中，有了毂的中空部分才能使车正常运行。揉捏陶土成器，只有器皿中的空洞才能使其具有实用价值。建造房屋时开凿门窗，只有门窗四周的空虚部分，才能使房屋得到透气和采光。因此，有时"有"的存在能够为人们提供便利，而"无"的存在则能够发挥其独特的作用。

---

1 埏埴而为器：揉捏黏土制成供人饮食使用的器皿。埏，即"埏"，制陶器的模子，这里当揉土的动作讲。埴，黏土。

2 户牖：门窗。

第十二章
（传世本第十二章）

【导语】

在本章中，老子阐述了物欲文明对人的危害，并通过列举色彩、声音、味道、狩猎、稀有之物等对人身心的影响，呈现了他的观点：沉溺于感官上的享乐会使人的感官功能减弱，品德也会偏离正道。老子主张"为腹不为目"的生活方式，坚决反对贪欲奢侈、纵情声色的生活方式。需要明确的是，老子反对的不是五色、五味、五音、田猎等本身，而是对超越个人阶层的享乐追求所造成的传统生存礼制严重破坏的忧虑。

【正文】

甲本： 五色 [1] 使人目明 [2]，驰骋田腊 [3] 使人◇◇◇难得之赁 [4] 使人之行方 [5]，五味 [6] 使人之口啊 [7]，五音 [8] 使人之耳聋 [9]。是以声人之治也，为腹不◇◇故去罢耳此 [10]。

---

1 五色：青、赤、黄、白、黑，此处代指缤纷的色彩。

2 目明：眼睛失明，喻眼花缭乱。明：通"盲"。

3 驰骋田腊：纵情打猎。驰骋：骑马奔跑，喻纵情。腊：同"猎"。田腊，即打猎。

4 赁：同"货"。

5 方：行不当之事。方：通"妨"，妨害、伤害。

6 五味：酸、苦、甘、辛、咸，此处代指口味丰富的食物。

7 口啊：啊，通"爽"，差失，古代以爽为口病的专用名词。口爽是味觉失灵，生了口病。

8 五音：古代音乐有宫、商、角、徵、羽五个基本音阶，此处代指纷繁的音乐。

9 耳聋：耳朵听不见，喻听觉不灵。

10 去罢耳此：摒弃物欲的诱惑，而保持安定知足的生活。罢：通"彼"，指前者。此：指后者。耳：通"取"。

乙本： 五色使人目盲，驰骋田腊使人心发狂[1]，难得之货使人之行仿，五味使人之口爽，五音使人耳口是以耶人之治也。为腹而不为目[2]，故去彼而取此。

王本： 五色令人目盲；五音令人耳聋；五味令人口爽；驰骋畋猎令人心发狂；难得之货，令人行妨。是以圣人为腹不为目，故去彼取此。

【译文】

缤纷的色彩会让人眼花缭乱，纵情狩猎会使人任性放荡，珍贵的物品可能引发人的行为不轨，奢侈的饮食会使人失去对味觉的真实感知，纷杂的音调会使人的听觉变得迟钝。因此，圣人治国时追求的是无欲的生活，而不是多欲的生活，所以摒弃后者而追求前者。

---

1 心发狂：心任性放荡。

2 为腹而不为目：只求安饱，不求纵情于声色之娱。腹在这里代表一种简朴宁静的生活方式，目代表一种巧伪多欲的生活方式。

第十三章
（传世本第十三章）

【导语】

在本章中，主要阐述了人的尊严问题以及珍视自身的重要性。老子认为，只有珍惜自己的生命，才能同样地尊重周围的生命，也只有这样的人才能担当治理天下的重任。因此，一个人应该将生命看得比名利和荣誉更加重要，超脱于自身的得失，从而获得至高无上的人格尊严。只有把天下当作自己的"大身"，才能为天下排除"大患"。

【正文】

甲本： 龙辱若惊[1]，贵大梡若身[2]。苟胃龙辱若惊？龙之为下[3]。得之若惊，失◇若惊，是胃龙辱若惊。何胃贵大梡若身？吾所以有大梡者，为吾有身也，及吾无身，有何梡[4]？故贵为身于为天下，若可以迈天下矣[5]；爱以身为天下，女可以寄天下[6]。

---

1 龙辱若惊：得宠和受辱一样，都能够引起人的不安。龙：通"宠"，荣宠。若：好像。

2 贵大梡若身：重视自身犹如重视大患。此句"梡"与"身"二字位置相倒。贵：重视。大梡：大的祸患。若：犹如。

3 龙之为下：得宠乃下贱之事。

4 吾所以有大梡者，为吾有身也，及吾无身，有何梡：这是说大患是来自身体，所以防大患应先珍贵身体。

5 故贵为身于为天下，若可以迈天下矣：你的身体成为天下最珍贵的，那就可托付天下于你。即重视为自身甚于重视为天下。若：你。迈：同"托"，托付。

6 爱以身为天下，女可以寄天下：你的身体为天下而珍护，那就可以寄托天下于你。女：你。即爱自身胜于爱天下。寄：寄托。

乙本： 弄[1]辱若惊，贵大患若身。何胃弄辱若惊？弄之为下也。得之若惊，失之若惊，是胃弄辱若惊。何胃贵大患若身？吾所以有大患者，为吾有身也，及吾无身，有何患？故贵为身于为天下，若可以橐天下◇爱以身为天下，女可以寄天下矣。

王本： 宠辱若惊，贵大患若身。何谓宠辱若惊？宠为下。得之若惊，失之若惊，是谓宠辱若惊。何谓贵大患若身？吾所以有大患者，为吾有身，及吾无身，吾有何患？故贵以身为天下，若可寄天下；爱以身为天下，若可讬天下。

【译文】

得宠和受辱一样都会让人感到不安，重视自身犹如重视大患。为什么得宠和受辱一样都会让人感到不安？因为得宠是一种卑下的事情，得宠者和失宠者都会感到惊恐。因此，得宠和受辱一样都会引起人的不安。为什么说重视自身犹如

---

1 弄：通"龙"，因龙通"宠"，故弄也通"宠"。

重视大患？因为只有当我们拥有身体时，才可能会遭受大患。如果我们没有身体，那么就不会有任何祸患。因此，重视为自身甚于重视为天下的人，才能将天下托付给他；爱自身胜于爱天下的人，才能将天下寄托给他。

第十四章
（传世本第十四章）

【导语】

本章主要讲述了老子对"道体"的论述，强调了"道"的超越性和无形无状，无法感知和描述，但又确实存在，并具有自身的变化运动规律。道与现实世界的具体事物有根本不同，但其普遍规律支配着世界的具体事物。要认识和把握现实存在的个别事物，就必须把握道的运动规律，认识道的普遍原理。理想中的圣人之所以能够掌握支配物质世界运动变化的规律，是因为他悟出了道性。

【正文】

甲本： 视之而弗见，名之曰䫂[1]。听之而弗闻，名之曰希。捪[2]之而弗得，名之曰夷。三者[3]不可至计[4]，故𪾢[5]◇◇◇一者，其上不攸[6]，其下不忽[7]，寻寻呵[8]不可名[9]也，复归于无物[10]。是胃无状之状，无物之◇◇◇◇◇◇◇◇◇◇◇◇而不见其首。

---

1 䫂：同"微"。

2 捪：抚摸。

3 三者：即前文所说的"䫂""希""夷"。这三个名词都是幽而不显的意思。都是用来形容人的感官无法把握住道。

4 至计：彻底地追究。计：通"诘"。

5 𪾢：通"混"。

6 攸：通"皦"，光明。

7 忽：通"昧"，阴暗。恍惚不明的样子。

8 寻寻呵：即"绳绳呵"，连续不断。

9 名：名状、描绘之意。

10 复归于无物：又回到无名状态。"无物"不是一无所有，而是不具任何形象的实存体。"无"是说，我们的感官无法察觉"道"，所以用"无"来形容其不可见。归：归结。

执今之道¹，以御²今之有³。以知古始⁴，是胃◇◇。

乙本： 视之而弗见◇之曰微。听之而弗闻，命之曰希。捪之而弗得，命之曰夷。三者不可至计，故绲而为一。一者，其上不谬，其下不忽，寻寻呵不可命也，复归于无物。是胃无状之状，无物之象⁵，是胃沕望⁶。随而不见其后，迎而不见其首。执今之道，以御今之有。以知古始，是胃道纪⁷。

王本： 视之不见名曰夷，听之不闻名曰希，搏之不得名曰微。此三者，不可致诘，故混而为一。其上不皦，其下不昧。绳绳不可名，复归于无物。是谓无状之状，无物之象，是谓惚恍。迎之不见其首，随之不见其后。执古之道，以御今之有。

———

1 执今之道：依据从古至今就存在的"道"。执：依据、根据。

2 御：驾驭、治理。

3 今之有：指眼前的具体事物。

4 古始：本始、根本。

5 象：有形可以看见为象。

6 沕望：即恍惚，若有若无，闪烁不定。

7 道纪：道的纲要。

能知古始，是谓道纪。

【译文】

微，听不到；希，看不见；夷，摸不到。这三者的形象难以捉摸，因为它们本来就是融为一体的。这一体的道，在上不显明，在下不显昏暗，绵绵不绝却难以名状，最后又回归于无形无象的本质。它没有形状，没有物体的形象，叫作"惚恍"。追随它时，看不到它的背面；迎接它时，也看不到它的正面。掌握现在的道，才能驾驭现在的万物，推知古始的状态，这就是"道纪"。

第十五章
（传世本第十五章）

【导语】

　　本章主要围绕着老子对得道之士的描写展开，这些人能够掌握事物发展的普遍规律，运用这些规律处理具体的事物，并具有谨慎、警惕、严肃、洒脱、融和、淳朴、旷达、浑厚等人格修养功夫。得道之士的精神境界超越一般人理解的水平，他们微而不显，含而不露，高深莫测，为人处世从不自满高傲。此外，本章还强调了道是玄妙精深、恍惚不定的，一般人难以理解，而得道之士则与世俗之人明显不同，他们有独特的人格形态，静定持心，内心世界极为丰富，并且可以在特定的条件下，由静而转入动，符合于道的变化规律。

【正文】

　　甲本： ◇◇◇◇◇◇◇◇◇深不可志。夫唯不可志，故强为之容[1]。曰：与呵[2]其若冬◇◇◇◇◇◇畏四◇◇◇其若客。涣呵[3]其若凌泽[4]。邟呵其若握。湷[5]◇◇◇◇◇◇◇若浴。浊而情之余清，女以重之余生[6]。葆此道不欲盈[7]，夫唯不欲

---

1 夫唯不可志，故强为之容：由于有道之人高深莫测为一般人不可记述，所以只能勉强去形容他。志：识，记述。强：勉强。容：形容、描述。

2 与呵：迟疑、慎重的样子。与：通"豫"，原是野兽的名称，性好疑虑。

3 涣呵：形容融和、洒脱的样子。

4 凌泽：冰雪消融。凌：通"凌"，冰。泽：通"释"，消融。

5 湷：通"浑"，天然浑朴。

6 浊而情之余清，女以重之余生：混乱的局面通过清静无为慢慢变得清宁安定，清宁安定通过自然无为由静入动而慢慢发展，催生万物。情：通"静"。余：通"徐"。女：通"安"。重：通"动"。

7 不欲盈：不要求圆满。盈：满。

◇◇◇◇◇◇◇成。

乙本：古之善为道者，微眇玄达，深不可志[1]。夫唯不可志，故强为之容。曰：与呵其若冬涉水[2]。犹呵[3]其若畏四哭[4]。严呵[5]其若客。涣呵其若凌泽。沌呵其若朴[6]。湷呵其若浊。湛呵[7]其若浴。浊而静之徐清，女以重之徐生。葆此道◇欲盈，是以能褩而不成[8]。

王本：古之善为士者，微妙玄通，深不可识。夫唯不可识。故强为之容。豫焉若冬涉川；犹兮若畏四邻；俨兮其若容。涣兮若冰之将释；敦兮其若朴。旷兮其若谷；混兮其若浊。

---

1 微眇玄达，深不可志：（有道之人）精妙通达，高深莫测而难以记述。

2 若冬涉水：就像冬天涉足江河，形容做事谨慎。

3 犹呵：形容人警惕戒备的样子。犹：原为野兽之名，本性警觉。

4 四哭：指周围邻国。哭：邻。

5 严呵：形容端谨、庄严、恭敬的样子。

6 朴：未经雕琢的木材。

7 湛呵：形容空阔、开阔、旷达的样子。湛：同"旷"。

8 而不成：去故而更新。褩：同"散"。不成：成。"不"为发语虚词，无义。

孰能浊以静之徐清？孰能安以久动之徐生？保此道者不欲盈，夫唯不盈，故能蔽不新成。

【译文】

古代的那些行道者，他们的精深奥妙难以言喻，但我们可以用一些比喻来形容他们：他们小心谨慎，如同冬日踩薄冰过河；他们警觉戒惕，就像守卫边防防范敌人；他们举止庄重，如同礼仪之邦的贵宾；他们亲和融洽，如同缓缓融化的冰雪；他们朴实无华，如同未经雕琢的木材；他们淳朴真诚，如同浑浊不清的泥水；他们胸怀开阔，如同深山幽谷一般。行道者能够在混乱的环境中保持镇静，通过无为而清静的方式，让纷乱的世界慢慢变得安宁平静；同时，在安宁平静中遵循自然无为，由静而动，促进万物生长发展。他们不追求完美，正因为不执着于圆满，所以才能持续不断地除旧布新。

第十六章
（传世本第十六章）

【导语】

在本章中，老子探讨了至虚守静的修炼方法，主张人们应以虚静的心态面对宇宙的变化规律，并回归到内心深处的本性。他强调了"归根""复命"的概念，认为只有通过致虚、清静、归根和复命的态度，才能真正理解世界的本质规律，实现个人的成长和社会的和谐。本章的内容涉及人生哲学、社会伦理和宇宙哲学，都以至虚守静为核心。

【正文】

甲本： 至虚极也，守情表也¹，万物旁作²，吾以观其复也。天物云云³，各复归于其◇◇◇◇◇静，是胃复命⁴，复命常⁵也，知常明⁶也；不知常，帀，帀作，凶⁷。知常容，容乃公，

---

1 至虚极也，守情表也：尽量使心灵达到虚寂极致的状态，牢牢地坚守这种宁静。至：到达。虚：虚空。极：极点。情：即"静"。表：准则。

2 旁作：普遍繁荣滋长。旁：普遍。作：兴起。

3 天物云云：自然万物生长运动。云：运作。

4 复命：复归本性，此处指回到虚静。

5 常：常理、程式、法则、规律。

6 明：对规则的了解、认识，叫作"明"。

7 不知常，帀，帀作，凶：不了解事物变化的规律，就叫作妄动，妄动就会造成灾难。帀：同"妄"。

公乃王，王乃天，天乃道¹◇◇◇沕身不怠²。

乙本：至虚极也，守静督³也，万物旁作，吾以观其复也。天物祘祘⁴，各复归于其根⁵。曰静，静，是胃复命。复命常也，知常明也；不知常，芒，芒作，凶。知常容，容乃公，公乃王◇◇天，天乃道，道乃◇没身不殆。

王本：致虚极，守静笃。万物并作，吾以观复。夫物芸芸，各复归其根。归根曰静，是谓复命。复命曰常，知常曰明。不知常，妄作，凶。知常容，容乃公，公乃王，王乃天，天乃道，

---

1 知常容，容乃公，公乃王，王乃天，天乃道：懂得常理的人包容万物，所以宽容；宽容没有偏见，因此能够做到公正；宽容又公正才能成为君王；君王治理天下合乎自然，合乎自然便归于"道"。其遵循的是"人法地，地法天，天法道，道法自然"。容：包容、宽容。公：公正公平。天：自然的天，或代指自然。

2 沕身不怠：至死都不会有危险。沕身：指死亡。怠：同"殆"，危险。

3 督：通"笃"，敦厚。

4 祘：同"云"。

5 各复归于其根：返回自然的本性。根：根本。

道乃久，没身不殆。

【译文】

　　心灵达到虚无的极点，坚持内心的清净，应成为我们的准则。观察世间万物的蓬勃兴起，我们意识到它们最终会回归到它们的本源。所有事物都以独特的方式成长，然后回到它们的根源。回到根源就是"静"，保持这种"静"，我们可以回归到生命的源头。回归到生命的源头，我们就能够领悟到固定不变的常理，这就是"明"，否则就是"妄"。如果不理解常理，就会犯错误。如果理解了常理，就能够做到宽容。宽容才能够做到公正，公正才能成为君王，君王治理天下合乎自然，合乎自然才能归于大道，归于大道才能保持长久，终身都不会有危险。

第十七章
（传世本第十七章）

【导语】

在本章中，老子提出了自己的政治思想主张，他按不同情况将统治者分为四个层次：最高明的是让人民不知道他的存在，其次是能够得到人民的亲近和赞誉，再次是能够被人民敬畏，最差的则会招致人民的咒骂和反抗。在老子的观念中，理想的圣人是要"处无为之事，行不言之教"。最美好的政治，莫过于统治者贵言，从不轻易发号施令，人民和政治相安无事，以至于人民根本不知道统治者是谁。

【正文】

甲本： 太上[1]，下知有之[2]；其次，亲誉之[3]；其次，畏之。其下，母之[4]。信不足，案[5]有不信◇◇其贵言[6]也。成功遂事，而百省[7]胃我自然[8]。

乙本： 太上，下知又◇◇◇亲誉之；其次，畏之。其下，母之。信不足，安有不信[9]。犹呵[10]，其贵言也。成功遂事，而百姓胃我自然。

---

1 太上：至上、最好。

2 下知有之：人民不知有统治者的存在。

3 其次，亲誉之：次一等的统治者，人民亲近并赞扬他。

4 母之：咒骂他。母：同"侮"，咒骂。

5 案：同"安"，于是，就。

6 贵言：以言为贵，此处指不轻易发号施令。

7 省：通"姓"。

8 自然：自己本来就是如此。

9 信不足，安有不信：统治者的诚信不足，民众就会不信任他。

10 犹呵：悠闲自在的样子。犹：通"悠"。

王本： 太上，下知有之；其次，亲而誉之；其次，畏之。其次，侮之。信不足焉，有不信焉。悠兮，其贵言。功成事遂，百姓皆谓我自然。

【译文】

最优秀的统治者，人民并不需要经常感受到他的存在，但他的治理能够让人们生活得更加美好。其次的统治者，人们会亲近他并赞扬他的领导能力。再次一等的统治者，人民会因畏惧而顺从他的统治。最差的统治者，人民则会轻视他。如果统治者缺乏诚信，人民就会不信任他。最优秀的统治者会慎重考虑，并不轻易发号施令。当事情成功后，人民会认为这是很自然的事。

第十八章
（传世本第十八章）

【导语】

在本章中，老子将辩证法应用于社会治理。他指出，仁义与大道的废弃、大伪与智慧的出现、孝慈与六亲不和、忠臣与国家的昏乱，看起来是相互矛盾的，但实际上它们相互依存、相互影响。老子揭示了它们之间的辩证统一关系。老子认为，只有当社会陷入混乱，大道被遗忘时，人们才会意识到这些道德德行的重要性，并开始实践。老子并不排斥仁义等道德德行，而是认为人类社会存在局限性，需要回归真正的大道，才能实现真正的仁义。

【正文】

甲本： 故大道废，案有仁义¹。知²快³出，案有大伪。六亲⁴不和，案有畜⁵兹。邦家閔⁶乱，案有贞臣。

乙本： 故大道废，安有仁义。知慧出，安有◇◇六亲不和，安又孝兹；国家閔乱，安有贞臣。

王本： 大道废，有仁义；慧智出，有大伪。六亲不和，有孝慈。国家昏乱，有忠臣。

---

1 故大道废，案有仁义：自然无为之道被人们废弃，才会有所谓的仁义产生。

故：助词，无义。道：指自然准则。案：连词，于是，才。

2 知：通"智"，智慧。

3 快：通"慧"。

4 六亲：指父、子、兄、弟、夫、妻，这里指家人之间的关系。

5 畜：通"孝"。

6 閔：通"昏"。

【译文】

只有当大道被废弃时，人们才会开始重视并提倡仁义；只有当聪明智慧的表象出现时，才会催生伪诈的流行；只有在家庭出现纠纷时，才能显示出孝慈的重要性；只有当国家陷入混乱时，才能看出忠臣的价值。

第十九章
（传世本第十九章）

【导语】

在本章中，老子对治理社会进行了思考，并给出建议。他主张"绝圣弃智"，认为人的本性应该是纯真质朴、淡泊宁静的，而社会文化在丰富人类智慧的同时也腐蚀了人类的天性，导致社会上的纷争和混乱。老子认为，如果抛弃文明社会中的糟粕，使人民重返最初的自然状态，那么人们的品德将会得到复苏。老子反对用法制和巧诈治国，认为这种政策只会扰乱人民的生活。

【正文】

甲本: 绝声弃知 [1]，民利百负。绝仁弃义，民复 [2] 畜 [3] 兹。绝巧弃利，盗贼无有。此三言 [4] 也，以为 [5] 未足，故令之有所属 [6]。见素抱◇◇◇◇◇◇◇◇◇◇

乙本: 绝耶弃知，而民利百倍；绝仁弃义，而民复孝兹；绝巧弃利，盗贼无有。此三言也，以为文未足，故令之有所属。

----

1 绝声弃知：抛弃聪明、智巧。绝：断绝。声：通"圣"。知：通"智"。"声"与"知"在这里都是聪明、智巧的意思。

2 复：恢复。

3 畜：通"孝"。

4 三言：指圣智、仁义、巧利。

5 文：文饰、巧饰。

6 故令之有所属：所以要使人的认识有所归属。之：指人的认识。属：归属，依从。

见素抱朴 [1]，少私而寡欲 [2]。绝学无忧 [3]。

王本： 绝圣弃智，民利百倍。绝仁弃义，民复孝慈。绝巧弃利，盗贼无有。此三者，以为文不足，故令有所属。见素抱朴，少私寡欲。绝学无忧。

【译文】

抛弃过分的聪明智巧，人民可以获得更多好处；抛弃仁义道德，人民可以恢复天生的孝慈本性；抛弃欺诈和贪利，盗贼也就不复存在。圣智、仁义、巧利这三者全是巧饰，作为治理社会病态的法则是不够的。因此，为了让人们的思想观念有所归属，我们需要保持纯朴的本性，减少私欲的干扰，抛弃虚伪的圣贤礼法，才能远离忧患。

---

1 见素抱朴：外表单纯，内心质朴。见：同"现"，显现、显示。素：没有杂色的白丝，引申为单纯。抱：抱持。朴：未经雕琢的木材，引申为质朴。

2 少私而寡欲：少私心、少欲望。

3 绝学无忧：抛弃"仁义圣智"之学就会寡欲。

第二十章
（传世本第二十章）

【导语】

　　本章中，老子以诗一般的语言风格对人类价值观作了理性思考。他认为世俗的价值观是基于主观态度和强行制定的，而不符合大道。他将世俗之人的心态与自己的心态进行对比，揭露了社会上层追逐物欲的贪婪之态，强调了自己淡泊朴素、甘守无为之道的心境。老子从辩证法的原理出发，认为贵贱善恶、是非美丑等价值判断都是相对形成的，并随环境的差异而变动。最后，他表达了自己高尚的精神境界和独立的人格，这正是得道者与世俗之人在价值取向上的差别所在。

【正文】

甲本： 唯与诃¹，其相去几何²？美与恶，其相去何若？

人之◇◇亦不◇◇◇◇◇◇◇◇◇◇众人熙熙³，若乡于

大牢⁴，而春登台⁵。我泊⁶焉未佻⁷，若◇◇◇◇累呵，如

---

1 唯与诃：恭敬地答应与怠慢地呵斥。唯：恭敬地答应的声音，是晚辈对长

辈的响应。诃：怠慢地答应的声音，是长辈对晚辈的响应。唯的声音低，

诃的声音高，这是区别尊贵与卑贱的用语。

2 相去几何：相差到底有多少。去：距离。几何：多少。

3 熙熙：纵情奔欲、兴高采烈的样子。熙，同"熙"。

4 若乡于大牢：好像参加丰盛的宴席。乡：通"享"。大牢：即太牢，古时祭祀，

牛、羊、猪三样祭品齐全，谓之太牢。

5 而春登台：如在春日登台，贪欢觅乐。

6 泊：淡泊、恬静。

7 未佻 没有征兆、没有预感和迹象，形容无动于衷、不炫耀自己。佻 同"兆"，

征兆、迹象。

◇◇◇◇◇皆有余，我独遗[1]。我禺人[2]之心也，惷惷[3]呵。鬻

◇◇◇◇◇◇阌[4]呵。鬻人[5]蔡蔡[6]，我独閟閟[7]呵。忽呵，其若◇

壐呵，其若无所止◇◇◇◇◇◇◇以悝[8]。我欲独异于人，

而贵食母[9]。

乙本： 唯与呵，其相去几何？美与亚，其相去何若？人

之所畏，亦不可以不畏人。壐呵，其未央才[10]！众人熙熙，若

---

1 遗：不足、不够。

2 禺人：即愚人，质直淳朴之人。

3 惷惷：同"沌沌""沌沌"，混沌无知的样子。

4 阌：通"昏"，糊里糊涂的样子。

5 鬻人：俗人。鬻：通"俗"。

6 蔡蔡：同"察察"，严厉苛刻的样子。

7 閟閟：同"闷闷""闽闽"，形容无知无欲，浑噩淳朴之状。

8 悝：通"俚"，粗鄙。

9 我欲独异于人，而贵食母：我偏与众不同，重视用道来滋养自己。母：用以比喻道，道是生育天地万物之母。此句意为以守道为贵。

10 壐呵，其未央才：看吧，这一切从未结束。壐：即"望"，形容远望所见渐渐迷茫模糊。央：结束、完结。才：通"哉"。

乡于大牢，而春登台。我博焉未挑，若婴儿未咳[1]。累呵[2]，似无所归。众人皆又余，我愚人之心也，湷湷呵。鬻人昭昭[3]，我独若閲[4]呵。鬻人察察，我独闽闽呵。沕呵，其若海。朢呵，若无所止[5]。众人皆有以[6]，我独閌以鄙[7]。吾欲独异于人，而贵食母。

王本：唯之与阿，相去几何？善之与恶，相去若何？人之所畏，不可不畏[8]。荒兮其未央哉！众人熙熙，如享太牢，如春登台。我独泊兮其未兆，如婴儿之未孩。傫傫兮[9]，若无

---

1 若婴儿未咳：像婴儿还不会笑时那样。咳：指小孩的笑。

2 累呵：怅然若失的样子。

3 昭昭：清楚、精明、得意的样子。

4 閲：通"昏"，暗昧、糊涂的样子。

5 沕呵，其若海。朢呵，若无所止：恍惚啊，像大海汹涌；恍惚啊，像飘泊无处停留。沕：同"惚"。朢：同"恍"。恍惚：隐隐约约、不真切。

6 众人皆有以：众人都好像有作为。以：用。

7 閌以鄙：形容愚笨、鄙陋。

8 人之所畏，不可不畏：人所畏惧的，也会很畏惧人。

9 傫傫兮：怅然若失的样子。

所归。众人皆有余，而我独若遗。我愚人之心也哉，沌沌兮！俗人昭昭，我独昏昏¹。俗人察察，我独闷闷。澹兮²其若海，飂兮³若无止。众人皆有以，而我独顽似鄙。我独异于人，而贵食母。

【译文】

赞成和反对之间有多远？美好和丑恶之间有多大差距？人们害怕的事情，同样也害怕人。这种现象从古至今一直存在，似乎永无止境。人们追求外在的东西，充满活力，就像参加盛大的宴会或者在春天登台欣赏美景。我却独自淡泊宁静，毫不动心。我仿佛在一片混沌中，就像婴儿还不会笑那样。我感到疲倦和懒散，好像流浪者没有归宿。人们的头脑中充满了各种观念，而我似乎什么都没有。我只有一颗愚者的心！

---

1 昏昏：愚钝暗昧的样子。

2 澹兮：辽远广阔的样子。

3 飂兮：高风，风疾速的样子。

人们吹嘘自己，而我却迷迷糊糊：人们都那么苛刻，只有我

如此朴实和宽容。我仿佛在汹涌的海洋中，又仿佛漂泊无依。

人们都很聪明有本事，而我只是愚蠢和笨拙。但我与众不同

的是，我得到了道。

第二十一章
（传世本第二十一章）

【导语】

　　本章探讨了道与德之间的关系。老子认为德是由道所衍生的，受道的支配，"惟道是从"。道是万物的起源，既有精神的一面，也有物质的一面。虽然道是不可见的，但它确实存在，并且是万物的根源。老子指出，道必须通过物的媒介才能显现出其功能，而这种功能被称为"德"。德的内容由道决定，道的属性表现为德。在人生的现实问题中，道体现为德。

【正文】

甲本：孔德之容[1]，唯道是从[2]。道之物，唯朢[3]唯忽[4]◇◇◇呵，中有象[5]呵。朢呵忽呵，中有物呵。湷呵鸣呵[6]，中有请[7]吔。其请甚真[8]，其中◇◇自今及古，其名不去，以顺众仪[9]。吾何以知众仪之然，以此[10]。

---

1 孔德之容：大德的形态。孔：甚，大。德：道的显现与作用。容：相貌，仪表，样态。

2 唯道是从：是只遵从道。

3 朢：同"恍"，恍惚。

4 忽：同"惚"，恍惚。

5 象：形象。

6 湷呵鸣呵：形容道的昏昧不明，使人看不清楚。湷：通"幽"，深远。鸣：通"冥"，暗昧。

7 请：同"精"，最微小的原质，极细微的物质性的存在，看不见却存在。

8 其请甚真：最微小的原质是很真实的。

9 众仪：指万物的缘起。仪：同"父"。

10 此：这里指"道"。

乙本：孔德之容，唯道是从。道之物，唯叟唯沕。沕呵叟呵，中又象呵；叟呵沕呵，中有物呵。幼呵冥呵，其中有请呵。其请甚真，其中有信[1]。自今及古，其名不去，以顺众父。吾何以知众父之然也，以此。

王本：孔德之容，惟道是从。道之为物，惟恍惟惚。惚兮恍兮，其中有象；恍兮惚兮，其中有物。窈兮冥兮，其中有精。其精甚真，其中有信。自古及今，其名不去，以阅众甫。吾何以知众甫之状哉？以此。

【译文】

大德的形态是由道所决定的。道这个东西，没有清晰的实体，它恍恍惚惚中有象的呈现，恍恍惚惚中有实物的存在，深远暗昧中有最纯粹、最真实、最可信却看不见的最微小的原质存在。从古至今，它的名字一直未曾消亡，只有依据它

---

1 信：信验，信实。

才能认识万物的起源。那我要怎样才能知晓万物的起源呢?

只有凭借这个"道"。

第二十二章
（传世本第二十四章）

【导语】

在本章中，老子强调人应该符合自然，避免自视、自见、自伐、自矜等负面行为的影响。这些行为都是不自然、浮躁的，不会带来持久的好处。相反，人应该乐天知命，遵循自然的规律。老子所倡导的道即是自然，排斥一切人为的因素，因此超出自然的欲望都是多余的。老子的举例和比喻只是为了表达这一观点，强调人应该唾弃所有超出自然状态的东西。

【正文】

甲本： 炊[1]者不立，自视不章[2]◇见者不明，自伐[3]者无功，自矜[4]者不长。其在道，曰粽食赘行[5]。物[6]或恶之，故有欲者◇居。

乙本： 炊者不立，自视者不章，自见[7]者不明，自伐者无功，自矜者不长。其在道也，曰粽食赘行。物或亚之，故有欲者弗居[8]。

---

1 炊：通"企"，踮起脚跟。

2 章：显著、明显，后写作"彰"。

3 伐：夸赞。

4 矜：骄傲。

5 粽食赘行：剩饭赘瘤。粽：同"余"。赘：多余。行：同"形"，形体。

6 物：指人。

7 自见：自我显示、自我炫耀。

8 故有欲者弗居：了解"道"的人是不会这样做的。欲：通"裕"，道。居：同处，处世行事的方法。

王本： 企者不立，跨者不行。自见者不明，自是者不彰，自伐者无功，自矜者不长。其在道也，曰余食赘行。物或恶之，故有道者不处。

【译文】

踮起脚跟想要站得高，反而站立不住；自以为是的，得不到真正的认可和尊重；自我夸耀的，无法建立起真正的功勋；自以为过人的，难以保持持久的成功。从道的角度来看，这些浮躁、自我炫耀的行为只是剩饭赘瘤，既多余，又生厌。因此，有道的人不会这样做。

第二十三章
（传世本第二十二章）

【导语】

在本章中，老子从生活经验的角度，进一步深化了辩证法思想。本章一开头，老子就用了六句古代成语，讲述事物由正面向反面变化所包含的辩证法思想，如委曲和保全、弯曲和伸直、不满和盈溢、陈旧和新生、缺少和获得、贪多和迷惑等。这些概念中的对立相互为前提，相反而相成。老子用辩证法思想为观察和处理社会生活的原则，最终得出结论是"不争"。在现实社会中，人们不可能做任何事情都一帆风顺，遇到困难时可以先采取退让的办法，等待、静观以待变，然后再采取行动，达到自己的目标。这些思想带有智慧，可以启迪人们从智慧的角度思考生活中的困境和对待事物的态度。

【正文】

甲本： 曲则金 [1]，枉则定 [2]，洼则盈 [3]，敝 [4] 则新，少则得，多则惑。是以声人执一 [5]，以为天下牧 [6]。不◇视故明 [7]，不自见 [8] 故章，不自伐故有功，弗矜故能长。夫唯不争，故莫能与之争。古◇◇◇◇◇◇◇语才！诚金归之。

---

1 金：同"全"。

2 枉：指弯曲。定：同"正"，端直。

3 盈：充盈。

4 敝：破旧。

5 执一：守道。执：持守。一：道。

6 牧：整治、治理。

7 明：显明，扬名。

8 自见：自显于众。见通"现"。

乙本： 曲则全，汪则正，洼则盈，襒则新，少则得，多则惑。是以耵人执一，以为天下牧。不自视故章，不自见也故明，不自伐故有功，弗矜故能长。夫唯不争，故莫能与之争。古之所胃曲全者，几语才[1]！诚全归之。

王本： 曲则全，枉则直，洼则盈，敝则新，少则得，多则惑。是以圣人抱一，为天下式。不自见故明，不自是故彰，不自伐故有功，不自矜故长。夫唯不争，故天下莫能与之争。古之所谓曲则全者，岂虚言哉！诚全而归之。

【译文】

委曲反能保全，弯曲反能伸展，空洼反能充盈，陈旧反能返新，少取反能多得，贪多反能迷乱。这是治理天下的原则，有道之人一直坚守着。他们不自我表现，反而更加引人注目；不自以为是，反而更加显得谦虚；不自夸耀，反而更加有所

---

1 几语才：难道会是空话吗？几：通"岂"。才：通"哉"。

成就；不自我矜持，反而更加持久。正是因为他们不与人相争，所以没有人与他们争斗。古人所说的"委曲求全"等话，不是空话，而是一个全面的归纳。

第二十四章
（传世本第二十三章）

【导语】

本章主要阐述了老子"希言自然"的理念。希言即不言之教，不需要过多的言语或法令干预，而是通过自然的规律来引导人们的行为。老子举例自然界的现象，如狂风暴雨也会有其停息的时候，来说明这种自然的规律。他告诫统治者要遵循自然规律，行清静无为之政，不要过度施行强制性的法令和暴政，这样才能使民众安居乐业。如果统治者过度干涉民众的生活，征收苛捐杂税，民众会产生不满和反感，从而可能导致社会不稳定或者反抗，而这可能会引发暴力事件或者暴政的出现。因此，本章呼吁统治者要以不言之教来引导人民的行为，才能实现真正的长治久安。

【正文】

甲本： 希言自然[1]。飘风不冬朝，暴雨不冬日[2]。孰为此？天地◇◇◇◇◇◇◇◇故从事而道者同于道，德者同于德，者者同于失。同◇◇◇道亦德之。同于◇者，道亦失之[3]。

乙本： 希言自然。剽[4]风不冬朝，暴雨不冬日。孰为此？天地而弗能久，有兄于人乎！故从事而道者同于道，德者同于德，失者[5]同于失。同于德者，道亦德之；同于失者，道亦

---

1 希言自然：无言才合乎自然。希言：即无言。

2 飘风不冬朝，暴雨不冬日：狂风暴雨不会长久。飘风：大风。暴雨：大雨。冬：同"终"。

3 道亦失之：失道之人只能遭受失败的命运。

4 剽：同"飘"。

5 失者：指失道、失德的人。

失之[1]。

王本： 希言自然。故飘风不终朝，骤雨不终日。孰为此者？天地。天地尚不能久，而况于人乎？故从事于道者，道者同于道，德者同于德，失者同于失。同于道者，道亦乐得之；同于德者，德亦乐得之；同于失者，失亦乐得之。信不足焉，有不信焉。

【译文】

无言才合乎自然。狂风刮不了一个早晨，暴雨下了一整天。谁兴起的狂风暴雨？ 是天地。天地兴风起雨都不能持久，何况人呢？所以尊道的合乎道，尚德的合乎德，失道失德的一无所有。尊道的，道会以德报德； 失道失德的，道会给予抛弃。

---

1 同于德者，道亦德之；同于失者，道亦失之：符合道的人，道会给他恩惠；符合失的人，道也会抛弃他。

第二十五章
（传世本第二十五章）

【导语】

　　本章中，老子阐述了道的存在和运行。道是一个浑朴、圆满和谐的整体，它不是由不同的因素组合而成，是一个无声无形的绝对体。道先于天地而存在，并循环运行不息，是万物之母。人作为道、人、天、地四大存在之一，无法摆脱道的约束，这也体现了老子无为而治的政治思想。

【正文】

甲本： 有物[1]昆成[2]，先天地生。繡呵缪呵[3]，独立◇◇◇

可以为天地母[4]。吾未知其名，字之曰道[5]。吾强为之名曰

大[6]。大曰筮[7]，筮曰◇◇◇◇◇◇天大，地大，王亦大[8]。国

中[9]有四大，而王居一焉。人法地，地法◇◇◇◇◇◇◇◇。

乙本： 有物昆成，先天地生。萧呵漻呵，独立而不玹[10]，

---

1 物：指道。

2 昆成：浑然而成，指浑朴的状态。昆：通"混"。

3 繡呵缪呵：没有声音，没有形体。繡：通"寂"，无声。缪："寥"，无形。

4 天地母：母，指道，天地万物由道而产生，故称母。

5 字之曰道：命名它叫道。

6 大：形容道是无边无际、力量无穷的。

7 筮：通"逝"，指道的运行周流不息、永不停止的状态。

8 王亦大：这里王指的是人。人乃万物之灵，与天地并立而为三才，即天大、

地大、人亦大。

9 国中：宇宙之中。

10 独立而不玹：形容道的独立性和永恒性，它不靠任何外力而具有绝对性。

可以为天地母。吾未知其名也，字之曰道。吾强为之名曰大，大曰筮，筮曰远，远曰反¹。道大，天大，地大，王亦大。国中有四大，而王居一焉。人法地，地法天，天法道，道法自然²。

王本： 有物混成，先天地生。寂兮寥兮，独立不改，周行而不殆，可以为天下母。吾不知其名，字之曰道，强为之名曰大，大曰逝，逝曰远，远曰反。故道大，天大，地大，王亦大。域中有四大，而王居其一焉。人法地，地法天，天法道，道法自然。

【译文】

有一种浑然天成的存在，在天地形成之前就已经存在了。它寂静无声、空旷无形，独立存在而不受外物干扰，往复不

玹：同"改"。

1 反：同"返"，指道周而复始不停运转，返回到原状。

2 道法自然：道纯任自然，本来如此。

已而永不停息。我们把它称作天地的本源。尽管我不知道它的名字，但我暂且称之为"道"，并勉强又称之为"大"。"大"就是运行不止，运行不止就是延伸悠远，延伸悠远就会回到初始状态。所以说道大、天大、地大、人也大。宇宙间有四大，而人居其中之一。人取法地，地取法天，天取法道，而道则自然而然。

第二十六章
（传世本第二十六章）

【导语】

　　本章主要讨论轻与重、动与静这两对矛盾的现象。老子认为，重是根本，轻是其次；静是根本，动是其次。这种思想也是老子对于辩证法的运用，即认为对于一对矛盾，其中一方是主导的，而不是平衡。在政治方面，老子认为一个君主必须守重持静，不可轻佻躁动，否则将会失去治理天下的根本。

第二十六章

【正文】

甲本： ◇为巠根，清为趮君[1]，是以君子众日行，不离其甾重[2]。唯有环官[3]，燕处[4]◇◇若。若何万乘之王[5]，而以身巠于天下[6]？巠则失本，趮则失君。

乙本： 重为轻根[7]，静为趮君，是以君子冬日行，不远其甾重。虽有环官，燕处则昭若[8]。若何万乘之王，而以身轻于天下？轻则失本，躁则失君。

---

1 清为趮君：沉静是躁动的主宰。清：同"静"。趮：同"躁"，动。君：主宰。

2 甾重：载出行衣物车和重物车的统称。甾：通"辎"。

3 环官：该词的解释众说纷纭，本书取"圜馆"之意，即旅行必经之地。类似旅馆，喧哗躁动之所。

4 燕处：悠闲安享的地方。

5 万乘之王：春秋时期以万乘称天子，天子称王。乘：兵车。

6 以身巠于天下：以轻浮狂躁的举动来治国。巠：同"轻"，浮躁。

7 重为轻根：厚重是轻浮的根本。重：是静，是不易。轻：是动，是变易。根：根本、基础。

8 昭若：昭示，引申为明显。

王本： 重为轻根，静为躁君。是以圣人终日行，不离辎重。虽有荣观，燕处超然。奈何万乘之主，而以身轻天下？轻则失本，躁则失君。

【译文】

厚重是轻浮的根本，沉静是躁动的主宰。君子以重为本，就如同出行不能离开辎重，虽然身处喧嚣的旅馆，却也悠然安静处之。为什么贵为大国君主却要以轻浮躁动治天下呢？要知道，轻浮就会失去根本；躁动就会丧失主导。

第二十七章
（传世本第二十七章）

【导语】

本章主要讨论了自然无为思想的应用和扩展。老子用善行、善言、善数、善闭、善结等比喻，阐述了自然无为的理念，并且提倡人们在生活中应该尊重事物的两个方面，以无为而治。同时，本章还强调了有道者应该顺应自然以待人接物，不应该鄙弃不善的人和物，而应该给予帮助和引导，让他们成为善人善物。

【正文】

甲本： 善行者无䡟迹[1]，◇言者无瑕适[2]。善数[3]者不以梼筹[4]。善闭者无闗籥[5]。而不可启也。善结者◇◇约而不可解也。是以声人恒善㤹[6]人，而无弃人，物无弃财，是胃恗明[7]。故善◇◇◇之师；不善人，善人之斋也。不贵其师，不爱其斋，唯知乎大眯[8]，是胃眇要[9]。

---

1 䡟迹：车马留下的痕迹。䡟：即辙，车轮留下的痕迹。迹：马蹄留下的印迹。

2 瑕适：瑕、适，均为玉上的疵病，此处喻指人的过失。

3 数：计算。

4 梼筹：同筹策，古时人们用作计算的器具，类似算盘。

5 闗籥：一种金属或木质的门闩，用来关锁门窗。闗：同"关"。

6 㤹：通"救"。

7 恗明：睿智。恗同"曳"，牵控、拽，这里引申为承袭、保存、含有的意思。

8 大眯：执迷不悟。眯：同"迷"。

9 眇要：精要玄妙，深远奥秘。

乙本： 善行者无达[1]迹，善言[2]者无瑕适。善数者不以梼筹[3]。善闭者无关而不可启也。善结者无纆约[4]。而不可解也。是以圣人恒善怵人，而无弃人，物无弃财，是胃曳明。故善人，善人之师；不善人，善人之资[5]也。不贵其师，不爱其资，虽知乎大迷，是胃眇要。

王本： 善行无辙迹，善言无瑕谪。善数不用筹策；善闭无关楗[6]而不可开，善结无绳约而不可解。是以圣人常善救人，故无弃人；常善救物，故无弃物，是谓袭明。故善人者，不善人之师；不善人者，善人之资。不贵其师，不爱其资，虽智大迷，是谓要妙。

---

1 达：通"劣"。

2 善言：指善于采用不言之教。

3 梼筹：同筹策。

4 纆约：绳索。纆：索。约：绳。

5 资：取资、借鉴。

6 关楗：栓梢。古代家户里的门有关，即栓；有楗，即梢，是木制的。

【译文】

善于出行的人不会留下明显的辙迹，善于不言的人不容易出错，善于计算的人不需要算筹，善于关闭的人不需要门闩就可以让门紧闭，善于捆绑的人不需要绳索就能让人无法解开。因此，圣人总是能够让人才得到充分发挥，所以不会有无用的人存在；总是能够让物品得到充分利用，所以不会有无用之物。这就是内藏的智慧。因此，善人可以成为不善之人的老师，而不善之人可以成为善人的借鉴。不尊重善人的指导，也不珍惜不善人的借鉴，虽然自以为聪明，实际上却是被迷惑所蒙蔽。这是一个非常精妙和深奥的道理。

第二十八章
（传世本第二十八章）

【导语】

本章主要讲述老子的复归学说，以及其守雌、知雄的处世原则。在春秋末年的政治动荡和社会混乱中，老子认为人们应该放弃儒家的规范，返回自然素补状态，即返璞归真。老子主张用柔弱、退守的原则来保身处世，同时也要知难而不退，居于最恰切、最妥当的地位，以达到天下大治。本章所用的一些名词代表着老子的一些基本观念。

【正文】

甲本： 知其雄，守其雌[1]，为天下溪[2]。为天下溪，恒德[3]不鸡[4]。恒德不鸡，复归婴儿[5]。知其日[6]，守其辱，为天下浴[7]。为天下浴，恒德乃◇恒德乃◇◇◇◇◇知其，守其黑，为天下式[8]。为天下式，恒德不贷[9]。恒德不贷，复归于无极[10]。

---

1 知其雄，守其雌：知道什么是雄强，却安于雌柔。雄：比喻刚劲、躁进、强大。雌：比喻柔静、软弱、谦下。

2 溪：溪谷，此处喻指谦卑。

3 恒德：应有之德。

4 鸡：同"离"。

5 婴儿：象征纯真、稚气。

6 日：通"荣"，荣耀。

7 浴：同"谷"，川谷，喻指谦卑与包容。

8 式：范式。

9 贷：同"忒"，指差错、失误。

10 无极：宇宙本源的另一种说法。

楃散◇◇◇◇人用则为官长[1]，夫大制无割[2]。

乙本： 知其雄，守其雌，为天下鸡[3]。为天下鸡，恒德不离。恒德不离，复◇◇◇◇◇其白[4]，守其辱，为天下浴。为天下浴恒德乃足。恒德乃足，复归于朴[5]。知其白，守其黑，为天下式。为天下式，恒德不贷。恒德不贷，复归于无极。朴散则为器[6]，耶人用则为官长，夫大制无割。

王本： 知其雄，守其雌，为天下溪。为天下溪，常德不离。复归于婴儿。知其白，守其黑，为天下式。为天下式，常德不忒。复归于无极。知其荣，守其辱，为天下谷。为天下谷，常德乃足。复归于朴。朴散则为器，圣人用之，则为官长，故大制不割。

---

1 官长：百官之长。

2 大制无割：完善的政治制度是不割裂的。制：制作器物，引申为政治。割：割裂。

3 鸡：繁体字写作“鷄”，通“谿”，与“溪”同义。

4 白：为“日”的误写。

5 朴：质朴、真朴。

6 朴散则为器：质朴的大“道”分割形成万物。散：分。器：指现实世界的万物。

【译文】

明白雄强的道理，但选择安于雌柔，甘愿成为天下溪涧。选择成为天下溪涧，就能保持德不会离去，回归婴儿般的纯真和谐状态。明白荣耀的意义，却选择处于卑微的位置，甘愿成为天下川谷。选择成为天下川谷，就能永葆不朽的德性。只有永葆不朽的德性，才能回归自然本初的纯朴状态。明白光明的价值，但选择待在黑暗中，甘愿成为天下的范式。选择成为天下的范式，才能永葆不变的德行。只有永葆不变的德行，才能回归万物的根源。真正纯朴的道分散成了万物，遵从真朴的人才是天下的君主。因此，合乎道的制度必须完整无缺。

第二十九章
（传世本第二十九章）

【导语】

　　本章可以理解为老子对有为之政的批评，反面论证了"无为而治"的合理性。无为并不是指不做事，而是指在行事过程中不违背客观规律，不强加自己的主张于人。强力统治和暴力行为只会导致失败和灭亡，因为人和事物都有各自的特性和差异，不可用强制手段来迫使其改变。相反，理想的统治者应该顺应自然，根据客观规律来引导人民，因势利导，不苛求。

【正文】

甲本： 将欲取天下而为之 [1]，吾见其弗◇◇◇◇◇器也，非可为者也。为者败之，执 [2] 者失之。物或行或随 [3]；或炅 [4] 或◇◇◇◇◇或杯 [5] 或撽 [6]。是以声人去甚 [7]，去大 [8]，去楮 [9]。

乙本： 将欲取◇◇◇◇◇◇◇◇得已。夫天下神器 [10] 也，非可为者也。为之者败之，执之者失之。故物或行或隋，或

---

1 将欲取天下而为之：有人想强行取得天下并治理。将：发语词，无义。取：夺取。为：治理。

2 执：掌握、占有。

3 随：跟随、顺从。

4 炅：通"歔"，出气缓慢的意思。

5 杯：同"陪"，指安然、安稳。

6 撽：同"堕"，指危险。

7 甚：极端的。

8 大：大于、超过。

9 楮：同"诸"，多。

10 神器：重器，象征国家政权。

热¹或础²；或陪或堕。是以即人去甚，去大，去诸。

王本： 将欲取天下而为之，吾见其不得已。天下神器，不可为也。为者败之，执者失之。故物或行或随；或歔或吹；或强或羸；或挫或隳。是以圣人去甚，去奢，去泰³。

【译文】

有人想要强行取得天下并治理，我认为这是不可能做到的。天下是一种神圣的存在，不可能通过强制手段来进行治理。如果用这种态度去治理天下，必定会失败，如果用这种态度来统治天下，必定会失去天下。世间万物都有不同的存在方式，有领先的，也有跟随的；有平稳的，也有激进的；有安全的，也有危险的。因此，圣人主张消除极端、过分和奢侈的行为。

---

1 热：通"歔"。

2 础：同"吹"，寒凉，或出气迅急的意思。

3 泰：极、太。

第三十章
（传世本第三十章）

【导语】

在本章中，老子强调了战争是人类最愚昧和残酷的行为之一。在春秋时期，各个诸侯国为了争夺天下霸主的地位而相互征战，但是这种争斗从未结束，没有一个诸侯能够永久地占据霸主的位置。老子提出了"其事好还"的论断，正是因为他敏锐地认识到了黩武与身败之间的因果联系。老子并不是反对战争本身，而是反对没有必要的穷兵黩武。他主张只有在万不得已的情况下，才应该发动战争。

【正文】

甲本： 以道佐人主[1]，不以兵◇◇天下◇◇◇◇◇◇所居，楚生朼之。善者果[2]而已矣，毋以取强[3]焉。果而毋骄[4]，果而勿矜[5]，果而◇◇果而毋得已居[6]，是胃◇而不强。物壮[7]而老，是胃之不道[8]，不道蚤已[9]。

乙本： 以道佐人主，不以兵强于天下。其◇◇◇◇◇◇◇棘生之。善者果而已矣，毋以取强焉。果而毋骄，果而勿矜，果◇◇伐，果而毋得已居，是胃果而强。物壮而老，胃之不道，

---

1 以道佐人主：用"道"去辅佐君王。

2 善者果：指达到获胜的目的。果：成功之意。

3 取强：逞强、好胜。

4 骄：通"骄"。

5 矜：妄自尊大。

6 毋得已居：不得已。居：语气词，同"乎"。

7 物壮：强壮、强硬。

8 不道：不合于道。

9 蚤已：早死，很快完结。蚤：通"早"。

不道蚤已。

王本： 以道佐人主者，不以兵强天下。其事好还[1]。师[2]之所处，荆棘生焉。大军之后，必有凶年。善有果而已，不敢以取强。果而勿矜，果而勿伐，果而勿骄，果而不得已，果而勿强。物壮则老，是谓不道，不道早已。

【译文】

辅佐君主的人应当遵循道来治理国家，而不是仅仅依靠武力来扩张势力。过度使用武力必然会招致报应，同时导致战乱和民不聊生。因此，善于运用军事力量的人应该只在危急关头使用，而非为了炫耀实力和展示武功。即便获胜，也不应该自负、自夸或自大，而应该出于无奈之举，这就是所谓的"达到目的但不以武力逞强"。万物若极必反，强权必

---

1 其事好还：发动战争这件事一定能得到报应。还：还报、报应。

2 师：指军队。

定会走向灭亡，这表明它不合乎道，而不合乎道的必定会很

快消亡。

第三十一章
（传世本第三十一章）

【导语】

  本章中，老子对战争之道进行了深入探讨，是上一章内容的继续和发挥。借助中国古代礼仪的左右之分，老子以"君子居则贵左，用兵则贵右"的表述来阐明在特定情况下使用战争手段的必要性。老子认为，战争虽然是一件不祥之事，但在迫不得已的情况下，君子也需要以战争的方式达成目的。但是在使用兵力时，君子应避免随意杀人，对于战争中死去的人，也应该真诚地表示哀痛并以丧礼安置其尸体。此外，君子在获取胜利后不应沾沾自喜，而应保持恬淡为上。总之，

第三十一章

老子在谈论战争问题时，主要是反对过度使用武力和战争，强调保持谦虚、慎重和敬畏的态度。

【正文】

甲本： 夫兵[1]者，不祥之器◇物或恶之[2]，故有欲者弗居。君子居则贵左，用兵则贵右[3]。故兵者非君子之器也◇◇不祥之器也，不得已而用之，铦袭[4]为上。勿美也，若美之，是乐杀人也。夫乐杀人，不可以得志于天下矣。是以吉事上左，丧事上右[5]。是以便将军居左，上将军居右[6]。言以丧礼居之也。

---

1 兵：兵器，也指兵事、战争。

2 物或恶之：大家都讨厌它。物：这里指人。

3 君子居则贵左，用兵则贵右：君子平时以左为上，战时则以右为上。古人认为左阳右阴，阳生而阴杀。

4 铦袭：锋利的兵器。铦：锐利。袭：一种利剑。

5 吉事上左，丧事上右：吉祥的事情以左为上，丧事的时候以右为上。吉事：春秋时祭、祀、冠、婚称为吉事。

6 便将军居左，上将军居右：偏将军不专杀则处左，上将军专杀则处右。便：

杀人众，以悲依立之。战胜，以丧礼处之。

乙本： 夫兵者，不祥之器也。物或亚◇◇◇◇◇◇◇◇
居则贵左，用兵则贵右。故兵者非君子之器，兵者不祥◇器
也，不得已而用之，铦恍为上。勿美也，若美之，是乐杀人也。
夫乐杀人，不可以得志于天下矣。是以吉事◇◇◇◇◇◇
是以偏将军居左，而上将军居右。言以丧礼居之也。杀
◇◇◇◇◇立之◇朕，而以丧礼处之。

王本： 夫佳兵者，不祥之器。物或恶之，故有道者不处。
君子居则贵左，用兵则贵右。兵者不祥之器，非君子之器，
不得已而用之，恬淡为上。胜而不美，而美之者，是乐杀人。
夫乐杀人者，则不可以得志于天下矣。吉事尚左，凶事尚右。
偏将军居左，上将军居右。言以丧礼处之。杀人之众，以哀
悲泣之，战胜，以丧礼处之。

同"偏"。

【译文】

战争是不吉利的事情，世人皆厌之，所以得道之人不去碰它。古人认为左阳右阴，阳生而阴杀。平时，君子以左为尊；战时，君子以右为尊。可见战争并非君子治理天下的手段。战争是不吉利的，只有在迫不得已的情况下才能使用锋利的兵器，迅速解决战争。即使获胜，也不要沾沾自喜，因为这种自满是以杀戮为乐的表现。以杀戮为乐的人不可能得到人心。在吉利的礼仪中，以左为上；而在凶丧的礼仪中，以右为上。因此，不负责专杀的偏将军站在左边，负责专杀的上将军站在右边，这表明战争被视为一种悲痛的仪式，因为其中涉及大量的杀戮。因此，打仗时必须怀着悲哀的心情，即使胜利了也要以丧礼的方式对待。

第三十二章
（传世本第三十二章）

【导语】

　　本章继续探讨了老子无为而治的政治思想。老子认为，侯王应当依照道的法则治理天下，顺应自然，这样人民将会自愿服从于他们。老子用"朴"来形容道的原始状态，认为这种原始质朴的道让万物兴作，因此各种"名"就产生了。然而，"名"也是人类社会中争端和冲突的重要根源，需要适可而止。

【正文】

甲本： 道恒无名[1]，楃唯◇◇◇◇◇◇◇◇王若能守之，万物将之宾[2]。天地相谷[3]，以俞[4]甘洛[5]，民莫之◇◇◇◇焉。始制有◇◇◇◇有，夫◇◇◇◇◇◇所以不◇俾道之在◇◇◇◇◇浴[6]之与江海也。

乙本： 道恒无名，朴[7]唯小[8]，而天下弗敢臣[9]。侯王若能守之，万物将自宾。天地相合，以俞甘洛◇◇◇令而自均

---

1 无名：这是指道的特征。

2 之宾：自动归顺于道。之：自动。宾：归顺。

3 天地相谷：天地（阴阳之气）交合，这样才能化育万物。谷：当为"合"字。

4 俞：通"雨"，降雨。

5 甘洛：甘露。洛：通"露"。

6 浴：通"谷"，此指河流。

7 朴：自然和原始状态，是道的特征

8 小：用以形容道是隐而不可见的。

9 天下弗敢臣：天下没有敢役使。臣：臣服、役使。

焉。始制有名[1]，名亦既有，夫亦将知止[2]，知止所以不殆[3]。卑[4]◇◇在天下也，犹小浴之与江海也。

王本： 道常无名，朴虽小，天下莫能臣也。侯王若能守之，万物将自宾。天地相合，以降甘露，民莫之令而自均[5]。始制有名，名亦既有，夫亦将知止，知止可以不殆。譬道之在天下，犹川谷之于江海。

【译文】

道是永恒的，它是无名无形的，本质朴素。尽管它很微小，难以被察觉，却没有人能够使它屈服。如果侯王能够遵循道的原则来治理国家，那么人民自然而然地会追随。当天

---

1 始制有名：万物兴作，于是产生了各种名称。名：名分。

2 止：止境、限度。

3 不殆：没有危险。

4 卑：通"俾""譬"，比方，譬如。

5 自均：自然均匀。

地间阴阳之气相互协调时，自然界会降下甘露，不需要人去命令它，也会自然而然地均衡分配。道孕育万物，万物兴作，于是产生了各种"名"，各种"名"既然有了，就应该适可而止，适可而止才不会消亡。总之，道存在于天下，就像江海，一切河川溪水都归流于它。

第三十三章
（传世本第三十三章）

【导语】

本章探讨人生哲理，主张注重丰富精神生活。老子认为，了解别人和胜过别人固然重要，但自知和自胜更重要。他鼓励审视自己，坚定信念，并实践，以保持生命力和精神风貌。此外，他强调"死而不亡"，即精神不灭，是无为思想的主旨之一。本章旨在提升自我，获得内在的长寿和成就。

【正文】

甲本： 知人者知[1]也，自知◇◇◇◇◇者有力也，自胜者◇◇◇◇◇◇也，强行[2]者有志也。不失其所者久也，死不忘[3]者寿[4]也。

乙本： 知人者知也，自知明[5]也。朕[6]人者有力也，自朕者强[7]也。知足者富也，强行者有志也。不失其所者久也，死而不忘者寿也。

王本： 知人者智，自知者明。胜人者有力，自胜者强。知足者富，强行者有志。不失其所者久，死而不亡者寿。

---

1 知：通"智"，智慧。

2 强行：勤奋，自强不息。

3 死不忘：身虽死而道犹存。忘：同"亡"。

4 寿：死而不朽。

5 明：高明、聪明的意思。

6 朕：即"胜"。

7 强：刚强、果决。

【译文】

了解别人的人很有智慧，但了解自己的人更为高明。战胜他人的人很有力量，但战胜自己的人才是真正的强大。容易满足的人才是真正富有，而不断追求勤奋不已的人则很有志气。坚守自我的人能够持久，身体已逝，精神却能永存的人是真正的长寿。

第三十四章
（传世本第三十四章）

【导语】

本章主要讨论了道的作用和性质。道是一个抽象概念，它可以理解为生长和养育万物的自然规律，完全顺应自然。虽然道不能被感官直接感受到，但它实实在在地存在于自然界。本章中老子指出作为圣人应该具备的素质，期望统治者们能够像道那样起朴的作用。同时，也指出道可以是大或小，强调道的多重含义。

【正文】

甲本：道◇◇◇◇◇◇◇◇◇遂事而弗名有也。万物归焉而弗为主[1]，则恒无欲也，可名于小。万物归焉◇◇为主，可名于大。是◇声人之能成大也，以其不为大也，故能成大。

乙本：道沨[2]呵，其可左右也。成功遂◇◇弗名有也。万物归焉而弗为主，则恒无欲也，可名于小。万物归焉而弗为主。可名于大。是以耵人之能成大也，以其不为大也，故能成大。

王本：大道氾[3]兮，其可左右。万物恃之而生而不辞，功成不名有。衣养[4]万物而不为主，常无欲，可名于小；万物归焉而不为主，可名为大。以其终不自为大，故能成其大。

---

1 弗为主：不自以为主宰。

2 沨：即"泛"，指道无所不在。

3 氾：同"泛"，广泛或泛滥。

4 衣养：一本作"衣被"，意为覆盖。

【译文】

大道是广泛流行的，无所不在，包括左右上下。它完成了功业，成就了事业，却不占有名誉。它养育万物，却不以自己为中心。它永远无欲无求，可以说它是"小"的；万物归附于它，却不自认为主宰，可以说它是"大"的。圣人之所以伟大，正是因为他不自大，因此才成就了真正的伟大。

第三十五章
（传世本第三十五章）

【导语】

　　本章的主旨在于强调道的力量和影响。老子认为，无为的大道能够治理国家，使天下归附，让世界和平安定。与此同时，通过对比美妙的音乐和美味的食物，他衬托出道无与伦比的伟大。虽然道看似平淡无奇、淡而无味、无声无形，却能让人受用不尽。本章不同于前面各章论道的重点，而是隐含着言外之意，是一首颂歌。通过层层深入的阐述，让人切实感受到道的伟大力量。

【正文】

甲本： 执大象¹◇◇往。往而不害²，安平太³。乐与饵⁴，过格止⁵。故道之出言⁶也，曰谈呵其无味也◇◇不足见也，听之不足闻也，用之不可既也⁷。

乙本： 执大象，天下往⁸。往而不害，安平太。乐与◇过格止。故道之出言也，曰淡呵其无味也。视之不足见也，听之不足闻也，用之不可既也。

王本： 执大象，天下往。往而不害，安平太。乐与饵，

---

1 大象：大道之象。

2 往而不害：即使天下的人都向它投靠，也不会互相妨害。

3 安平太：于是天下就会和平安泰。安：乃、则、于是。太：同"泰"，安泰。

4 乐与饵：音乐和美食。

5 过格止：能使过路的行人停住不走。格：通"客"。

6 道之出言："道"用语言表述出来。

7 用之不可既也：用它，但用不完、用不尽。既：尽。

8 天下往：全天下的人都来归附。往：归附。

过客止。道之出口，淡乎其无味。视之不足见，听之不足闻，
用之不足既。

【译文】

执守大道，天下人就会归顺。归顺而不互相妨害，于是
大家过着和平而安泰的生活。音乐和美食可以让过路的人为
之停步，可勉强用言语表述的大道却显得平淡无奇。的确，
看它看也看不见，听它听也听不见，但它的作用却无穷无尽。

第三十六章
（传世本第三十六章）

【导语】

    本章主要讲述了老子的辩证法思想，他通过对事物的观察研究，发现事物具有两重性和矛盾转化的辩证关系。在事物的发展过程中，都会走到某一个极限，此时，它必然会向相反的方向变化。本章以自然界的辩证法比喻社会现象，从拾与张、弱与强、去与与、夺与予四对矛盾的对立统一体中，老子宁可居于柔弱的一面。他认为柔弱的东西内敛、韧性强，生命力旺盛，发展的余地大；相反，刚强的东西显扬外露，往往失去发展的前景，不能持久。在柔弱与刚强的对立之中，老子断言"柔弱胜刚强"。

【正文】

甲本: 将欲拾之，必古张之¹；将欲弱²之◇◇强³之；将欲去⁴之，必古与⁵之；将欲夺之，必古予⁶之。是胃微明⁷。丝⁸弱胜强。鱼不◇脱于潇，邦利器⁹不可以视¹⁰人。

---

1 将欲拾之，必古张之：将要收拢的，必定先扩张。之：相当于"者"。拾：通"擒""翕"，合。古：同"固"，姑且。

2 弱：削弱。

3 强：使……强。

4 去：离开。

5 与：亲近。

6 予：给予。

7 微明：精妙玄奥的智慧。

8 丝：同"柔"。

9 利器：国家的权势。

10 视：通示，显示，此主要指向人民炫耀。

乙本： 将欲擒之，必古张之；将欲弱之，必古强之；将欲去之，必古与之；将欲夺之，必古予◇是胃微明。柔弱朕强。鱼不可说于渊，国利器不可以示人。

王本： 将欲歙之，必固张之；将欲弱之，必固强之；将欲废之，必固兴之；将欲夺之，必固与之。是谓微明。柔弱胜刚强。鱼不可脱于渊，国之利器不可以示人。

【译文】

想要收拢必先张开，想要削弱必先强大，想要疏远必先亲近，想要夺取必先给予，这是精妙玄奥的智慧。柔弱可以战胜刚强。就像鱼藏在深渊才得以长久生存，同理，国之利器不可以随便向人民炫耀示威。

第三十七章
（传世本第三十七章）

【导语】

本章是《道德经》中"道经"的最后一章。老子在这里将第一章提出的道的概念落实到他理想的社会和政治中——自然无为。在老子看来，统治者能依照道的法则来为政，顺应自然，不妄加干涉，民众将会自由自在，自我发展。"无为"是老子的主要哲学思想，也是他治国的主要政治思想。本章的首句"道恒无名"根据郭店楚简纠正为"道恒无为"。这样更符合老子的思想，并形成一个完整的逻辑：道—无为—侯王守之—万物自化—化而欲作—镇之以朴—无欲而静—万物自正。

【正文】

甲本： 道恒无名[1]，侯王若守之[2]，万物将自恕[3]。恕而欲◇◇◇◇◇◇◇名之◇◇◇无名之握[4]，夫将不辱[5]。不辱以情[6]，天地[7]将自正[8]。

乙本： 道恒无名，侯王若能守之，万物将自化。化而欲作[9]，吾将阗之以无名之朴[10]。阗之以无名之朴，夫将不辱。

---

1 道恒无名：依据郭店楚简当是"道恒无为"。

2 守之：即守道。之：指道。

3 自恕：自我生长、自我化育。恕：通"化"。

4 握：通"朴"。

5 辱：通"欲"，指贪欲。

6 情：通"静"。

7 天地：天地万物。

8 自正：自我调节而达到合理。

9 化而欲作：意即自我生长，而有贪欲萌生。欲：欲望、贪欲。作：萌发、出现。

10 阗：安定。以：用。无名：指道。朴：形容道的真朴。

不辱以静，天地将自正。

　　王本：道常无为而无不为。侯王若能守之，万物将自化。
化而欲作，吾将镇之以无名之朴。无名之朴，夫亦将无欲。
不欲以静，天下将自定。

【译文】

　　道永远是顺其自然无为的。侯王如果能遵循道，那么万
物都会与他相呼应，按自身的规律自生自长。当它自生自长
产生贪欲时，我就用道的真朴来安定它。用道的真朴来安定它，
就不会再起贪欲。没有了贪欲自然就知足而趋于清静，如此，
天地都将自行回归正态。

帛書道德經

（补全本）

注：《帛书道德经》补全本，首选底本为帛书甲本，缺字补之以帛书乙本，再缺部分，补之以王弼注本。原本中所含有假借字与古体字，补全本中除按原形写出外，又在其字后注明当用本字与今字，皆用括号（）括起，以示区分。

德经（传世本《道德经》下篇）

第一章
（传世本第三十八章）

上德不德，是以有德；下德不失德，是以无德。上德无为，而无以为也；上仁为之，而无以为也；上义为之，而有以为也。上礼为之，而莫之应也，则攘臂而乃（扔）之。故失道而后德，失德而后仁，失仁而后义，失义而句（后）礼。夫礼者，忠信之泊（薄）也，而乱之首也。前识者，道之华也，而愚之首也。是以大丈夫居其厚而不居其泊（薄），居其实不居其华。故去皮（彼）取此。

第二章

（传世本第三十九章）

昔之得一者，天得一以清，地得一以宁，神得一以灵，浴（谷）得一以盈，侯王得一而以为天下正。其致（诚）之也。胃（谓）天毋已清将恐莲（裂），胃（谓）地毋已宁将恐发，胃（谓）神毋已灵将恐歇，胃（谓）浴（谷）毋已盈将恐渴（竭），胃（谓）侯王毋已贵以高将恐欮（蹶）。故必贵而以贱为本，必高矣而以下为基。夫是以侯王自胃（谓）孤、寡、不穀。此其贱之本与？非也？故致数与（誉）无与（誉），是故不欲禄禄（琭琭）若玉，硌硌（珞珞）若石。

第三章

（传世本第四十一章）

上士闻道，堇（勤）能行之；中士闻道，若存若亡；下士闻道，大笑之。弗笑，不足以为道。是以建言有之曰：明道如费（昧），进道如退，夷道如纇。上德如浴（谷），大白如辱。广德如不足，建德如偷，质真如渝。大方无禺（隅），大器免成，大音希声，天（大）象无刑（形），道褒无名。夫唯道，善始且善成。

第四章
（传世本第四十章）

反也者，道之动也；弱也者，道之用也。天下之物生于有，有生于无。

第五章
（传世本第四十二章）

道生一，一生二，二生三，三生万物。万物负阴而抱阳，中（冲）气以为和。天下之所恶，唯孤寡不穀，而王公以自名也。勿（物）或损之而益，益之而损。故（古）人之所教，夕（亦）议（我）而教人。故强良（梁）者不得死，我将以为学父。

第六章
（传世本第四十三章）

天下之至柔，驰骋于天下之致（至）坚。无有入于无间，五（吾）是以知无为之有益也。不言之教，无为之益，天下希能及之矣。

第七章

（传世本第四十四章）

名与身孰亲？身与货孰多？得与亡孰病？甚爱必大费，多藏必厚亡。故知足不辱，知止不殆，可以长久。

第八章

（传世本第四十五章）

大成若缺，其用不弊。大盈若盅（冲），其用不窘（穷）。大直如诎，大巧如拙，大赢如炳（朒）。趮胜寒，靓（静）胜炅（热）。请（清）靓（静）可以为天下正。

第九章

（传世本第四十六章）

天下有道，却走马以粪。天下无道，戎马生于郊。罪莫大于可欲；祸莫大于不知足；咎莫于欲得。故知足之足，恒足矣。

第十章
（传世本第四十七章）

不出于户，以知天下；不规（窥）于牖，以知天道。其出也弥远，其知弥少。是以圣人不行而知，不见而名（明），弗为而成。

第十一章
（传世本第四十八章）

为学者日益，闻道者日云（损）。云（损）之有（又）云（损），以至于无为。无为而无以为。取天下也，恒无事，及其有事也，不足以取天下。

第十二章
（传世本第四十九章）

圣人恒无心，以百省（姓）之心为心。善者，善之；不善者，亦善之，德善也。信者，信之；不信者，亦信之，德信也。圣人之在天下，焉，为天下浑心，百姓皆属耳目焉，圣人皆孩之。

第十三章
（传世本第五十章）

出生入死。生之徒十有三；死之徒十有三；而民生生，动皆之死地之十有三。夫何故也？以其生生也。盖闻善执（摄）生者，陵行不辟（避）矢虎，入军不被甲兵。矢无所椯（投）其角，虎无所昔（措）其蚤（爪），兵无所容其刃，夫何故也？以其无死地焉。

第十四章
（传世本第五十一章）

道生之而德畜之，物刑（形）之而器成之。是以万物尊道而贵德。道之尊，德之贵也，夫莫之时，而恒自然也。道生之、畜之、长之、遂（育）之，亭之、毒之、养之、复（覆）之。生而弗有也，为而弗寺（恃）也，长而弗宰也。此之谓玄德。

第十五章
（传世本第五十二章）

天下有始，以为天下母。愍得其母，以知其子，复守其母，没身不殆。塞其闷（兑），闭其门，终生不堇（勤）。启其闷，济其事，终身不棘（救）。见小曰明，守柔曰强。用其光，复归其明，毋遗身央（殃）。是胃（谓）袭常。

第十六章
（传世本第五十三章）

使我摞有知，行于大道，唯他（迆）是畏。大道甚夷，民甚好解（径）。朝甚除，田甚芜，仓甚虚；服文采，带利剑，猒食而齎（资）财有余；是谓盗竽。非道也哉！

第十十七章
（传世本第五十四章）

善建者不拔，善抱者不脱，子孙以祭祀不绝。修之身，其德乃真；修之家，其德有余；修之乡，其德乃长；修之国，其德乃夆（丰）；修之天下，其德乃博。以身观身，以家观家，以乡观乡，以邦观邦，以天下观天下。吾何以知天下之然兹（哉）？以此。

第十八章

（传世本第五十五章）

含德之厚者，比于赤子。逢（蜂）癘（虿）蠆（虺）地（蛇）弗螫，攫（攫）鸟猛兽弗搏。骨弱筋柔而握固，未知牝牡之会而朘怒，精之至也。终日号而不发（嗄），和之至也。和曰常，知和（常）曰明。益生曰祥，心使气曰强。物壮即老，胃（谓）之不道，不道蚤（早）已。

第十九章

（传世本第五十六章）

知者弗言，言者弗知。塞其闷（兑），闭其门，和其光，同其坒，坐（挫）其阅（锐），解其纷，是胃（谓）玄同。故不可得而亲，亦不可得而疏；不可得而利，亦不可得而害；不可得而贵，亦不可得而浅（贱）。故为天下贵。

第二十章

（传世本第五十七章）

以正之（治）邦，以畸（奇）用兵，以无事取天下。吾

299

何以知其然也哉？夫天下多忌讳，而民弥贫；民多利器而邦家兹（滋）昏；人多知，而何（奇）物兹（滋）起；法物兹（滋）章（彰），而盗贼多有。是以圣人之言曰：我无为也而民自化，我好静而民自正，我无事民自富，我欲不欲而民自朴。

第二十一章
（传世本第五十八章）

其正（政）闵闵（闷闷），其民屯屯（惇惇）；其正（政）察察，其邦（民）夬夬（缺缺）。祸，福之所倚；福，祸之所伏。孰知其极？其无正也。正复为奇，善复为妖。人之迷也，其日固久矣。是以方而不割，兼（廉）而不刺，直而不绁（肆），光而不眺（燿）。

第二十二章
（传世本第五十九章）

治人事天莫若啬。夫唯啬，是以蚤（早）服；蚤（早）服是胃（谓）重积德；重积德则无不克，无不克则莫知其极；莫知其极，可以有国；有国之母，可以长久；是胃（谓）深槿（根）

固氐（柢），长生久视之道也。

第二十三章
（传世本第六十章）

治大国若亨（烹）小鲜。以道立（莅）天下，其鬼不神；非其鬼不神也，其神不伤人也；非其申（神）不伤人也，圣人亦弗伤也。夫两不相伤，故德交归焉。

第二十四章
（传世本第六十一章）

大邦者，下流也，天下之牝。天下之郊（交）也，牝恒以靓（静）胜牡。为其靓（静）也，故宜为下。大邦以下小邦，则取小邦；小邦以下大邦，则取于大邦。故或下以取，或下而取。故大邦者，不过欲兼畜人，小邦者，不过欲人事人。夫皆得其欲，则大者宜为下。

第二十五章
（传世本第六十二章）

道者万物之注（主）也。善人之葆也，不善人之所葆也。

美言可以市，尊行可以贺人。人之不善也，何弃之有？故立天子，置三卿，虽有共（拱）之璧，以先四（驷）马，不善（若）坐而进此。古之所以贵此者何也？不胃（谓）求以得，有罪以免舆（与）？故为天下贵。

第二十六章
（传世本第六十三章）

为无为，事无事，味无未（味）。大小多少，报怨以德。图难乎其易也，为大乎其细也；天下之难作于易，天下之大作于细。是以圣人冬（终）不为大，故能成其大。夫轻若（诺）必寡信，多易必多难。是以圣人犹难之，故终于无难。

第二十七章
（传世本第六十四章）

其安也，易持也，其未兆易谋，其脆易泮，其微易散，为之于未有，治之于未乱。合抱之木，生于毫末；九成（层）之台，作于赢（累）土；百仁（仞）之高，台（始）于足下。为之者败之，执者失之。是以圣人无为也，故无败也，无执也，故无失也。民之从事也，恒于其（几）成事而败之。故慎终若始，则无败事矣。是以圣人欲不欲，而不贵难得之肕（货）；学不学，而复众人之所过，能辅万物之自然，而弗敢为。

第二十八章
（传世本第六十五章）

故曰：为道者非以明民也，将以愚之也。民之难治也，以其知（智）也。故以知（智）知（治）邦，邦之贼也；以不知（智）知（治）邦，邦之德也。恒知此两者，亦稽式也。恒知稽式，是胃（谓）玄德。玄德深矣，远矣，与物反矣，乃至大顺。

第二十九章
（传世本第六十六章）

江海之所以能为百浴（谷）王者，以其善下之，是以能为百浴（谷）王。是以圣人之欲上民也，必以其言下之。其欲先民也，必以其身后之。故居前而民弗害也，居上而民弗重也，天下乐隼（推）而弗猒（厌）也。非以其无静（争）与？

故天下莫能与静（争）。

第三十章
（传世本第八十章）

小邦募（寡）民，使有十百人之器而毋用，使民重死而远徙。有车周（舟）无所乘之；有甲兵无所陈之。使民复结绳而用之。甘其食，美其服，乐其俗，安其居。凱邦相望，鸡狗之声相闻，民至老死，不相往来。

第三十一章
（传世本第八十一章）

信言不美，美言不信。知者不博，博者不知。善者不多，多者不善。圣人无积，既以为人，己俞（愈）有；既以予人矣，己俞（愈）多。故天之道，利而不害；人之道，为而弗争。

第三十二章
（传世本第六十七章）

天下皆胃（谓）我大，大而不宵（肖）。夫唯大，故不宵（肖）。若宵（肖），细久矣。我恒有三葆（宝）之。一曰兹（慈），二曰检（俭），三曰不敢为天下先。夫兹（慈），故能勇；检（俭），故能广；不敢为天下先，故能为成事长。今舍其兹（慈），且勇；舍其后，且先，则必死矣！夫兹（慈），以单（战）则胜，以守则固。天将建之，女（如）以兹（慈）垣之。

第三十三章
（传世本第六十八章）

善为士者不武；善战者不怒；善胜敌者弗与；善用人者为之下。是胃（谓）不诤（争）之德，是胃（谓）用人，是胃（谓）天，古之极也。

第三十四章
（传世本第六十九章）

用兵有言曰：吾不敢为主而为客，吾不进寸而芮（退）尺。是胃（谓）行无行，襄（攘）无臂，执无兵，乃无敌矣。隐莫于大于无适（敌），无适（敌）斤（近）亡吾吾葆（宝）

矣。故称兵相若，则哀者胜矣。

第三十五章
（传世本第七十章）

吾言甚易知也，甚易行也。而人莫之能知也，而莫之能行也。言有君，事有宗。夫唯无知也，是以不我知。知者希，则我贵矣。是以圣人被褐而裹（怀）玉。

第三十六章
（传世本第七十一章）

知不知，尚矣；不不知知，病矣。是以圣人之不病，以其病病也，是以不病。

第三十七章
（传世本第七十二章）

民之不畏畏（威），则大畏（威）将至矣。毋闸（狭）其所居，毋猒（厌）其所生。夫唯弗猒（厌），是以不厌。是以圣人自知而不自见也；自爱而不自贵也。故去被（彼）取此。

第三十八章

（传世本第七十三章）

勇于敢者则杀，勇于不敢者则栝（活）。此两者，或利或害，天之所亚（恶），孰知其故？天之道，不单（战）而善朕（胜），不言而善应，不召而自来，弹（坦）而善谋。天罔裰裶（恢恢），疏而不失。

第三十九章

（传世本第七十四章）

若民恒且不畏死，奈何以杀愳之也？若民恒是死，则而为者，吾将得而杀之，夫孰敢矣？若民恒且必畏死，则恒有司杀者，夫伐（代）司杀者杀，是伐（代）大匠斲也。夫伐（代）大匠斲者，则希不伤其手矣。

第四十章

（传世本第七十五章）

人之饥也，以其取食说之多也，是以饥。百姓之不治也，以其上有以为也，是以不治。民之巠（轻）死，以其求生之厚也，是以巠（轻）死。夫唯无以生为者，是贤贵生。

第四十一章
（传世本第七十六章）

人之生也柔弱。其死也植（筋）仞（肕）贤（坚）强。万物草木之生也柔脆，其死也桙蒿（枯槁）。故曰：坚强者死之徒也，柔弱微细生之徒也。兵强则不胜，木强则恒（烘）。强大居下，柔弱微细居上。

第四十二章
（传世本第七十七章）

天下之道，酉（犹）张弓者也？高者印（抑）之，下者举之；有余者敗之，不足者补之。故天之道，敗有余而益不足。人之道则不然，敗不足而奉有余。孰能有余而有以取奉于天者乎？唯又（有）道者乎。是以圣人为而弗又（有），成功而弗居也，若此其不欲见贤也。

第四十三章
（传世本第七十八章）

天下莫柔弱于水，而攻坚强者莫之能胜也，以其无以易之也。水（柔）之朕（胜）刚也，弱之胜强，天下莫弗知也，而莫能行也。故圣人之言云，曰：受邦之詢（垢），是胃（谓）社稷之主；受邦之不祥，是胃（谓）天下之王。正言若反。

第四十四章
（传世本第七十九章）

和大怨，必有余怨，焉可以为善？是以圣右介（契），而不以责于人。故有德司介（契），无德司䜌（彻）。夫天道无亲，恒与善人。

道经（传世本《道德经》上篇）

第四十五章
（传世本第一章）

道，可道也，非恒道也。名，可名也，非恒名也。无，名万物之始也；有，名万物之母也。故垣无欲也，以观其眇(妙)；恒有欲也，以观其所噭（徼）。两者同出，异名同胃（谓），玄之有（又）玄，众眇（妙）之门。

第四十六章
（传世本第二章）

天下皆知美为美，恶已；皆知善，訾（斯）不善矣。有无之相生也，难易之相成也，长短之相刑（形）也，高下之相盈也，意（音）声之相和也，先后之相隋（随），恒也。是以声（圣）人居无为之事，行不言之教。万物作而弗始，为而弗志（恃）也，成功而弗居也。夫唯居，是以弗去。

第四十七章
（传世本第三章）

不上贤，使民不争；不贵难得之货，使民不为盗。不见可欲，使民不乱。是以声（圣）人之治也：虚其心，实其腹，弱其志，强其骨。恒使民无知无欲也，使夫知（智）不敢，弗为而已，则无不治矣。

第四十八章
（传世本第四章）

道冲（盅），而用之有（又）弗盈也。潇（渊）呵，始（似）万物之宗；铧（挫）其锐，解其纷，和其光，同其尘。湛呵似或存。吾不知其谁之子也，象帝之先。

第四十九章
（传世本第五章）

天地不仁，以万物为刍狗；声（圣）人不仁，以百省（姓）为刍狗。天地之间，其犹橐籥与？虚而不淈（屈），蹱（动）而俞（愈）出。多闻数穷，不若守于中。

第五十章
（传世本第六章）

浴（谷）神不死，是胃（谓）玄牝。玄牝之门，是胃（谓）天地之根。緜緜（绵绵）呵若存，用之不堇（勤）。

第五十一章
（传世本第七章）

天长地久。天地之所以能长且久者，以其不自生也，故能长生。是以声（圣）人芮（退）其身而身先；外其身而身存。不以其无私舆（与）？故能成其私。

第五十二章

（传世本第八章）

上善治（似）水，水善利万物而有静。居众之所恶，故几于道矣。居善地，心善潚（渊），予善，信，正（政）善治，事善能蹱（动）善时。夫唯不静（争），故无尤。

第五十三章

（传世本第九章）

揰（持）而盈之，不若其已。揣而兑（锐）之，不可长葆（保）也。金玉盈室，莫之守也。贵富而骄（骄），自遗咎也。功述（遂）身芮（退），天之道也。

第五十四章

（传世本第十章）

载营柏（魄）抱一，能毋离乎？抟（专）气至（致）柔，能婴儿乎？修（涤）除玄蓝（鉴），能毋疵乎？爱民栝（治）国，能毋以知（智）乎？天门启阖，能为雌乎？明白四达，能毋以知乎？生之畜之，生而弗有，长而弗宰也，是胃（谓）玄德。

第五十五章
（传世本第十一章）

卅（三十）楅（辐），同一毂，当其无，有车之用也。燃（埏）埴为器，当其无，有埴器之用也。凿户牖，当其无，有室之用也。故有之以为利，无之以为用。

第五十六章
（传世本第十二章）

五色使人目明（盲）；驰骋田腊（畋猎）使人心发狂；难得之赁（货），使人之行方（妨）。五味使人之口啪（爽），五音使人之耳聋。是以声（圣）人之治也，为腹不为目，故去罢（彼）耳（取）此。

第五十七章
（传世本第十三章）

龙（宠）辱若惊，贵大（患）若身。苛（何）胃（谓）龙（宠）辱若惊？龙（宠）之为下。得之若惊，失之若惊，是胃（谓）龙（宠）辱若惊。何胃（谓）贵大梡（患）若身？

吾所以有大梡（患）者，为吾有身也，及吾无身，有何梡（患）？

故贵为身于为天下，若可以迌（讬）天下矣；爱以身为天下，

女（如）可以寄天下。

第五十八章
（传世本第十四章）

视之而弗见，名之曰聲（微）；听之而弗闻，名之曰希；

捪（搏）之而弗得，名之曰夷。三者不可至（致）计（诘），

故圂（混）而为一。一者，其上不攸（皦），其下不忽（昧）。

寻寻呵不可名也，复归于无物。是胃（谓）无状之状，无物之象，

是胃（谓）沕（忽）望（恍）。随而不见其后，迎而不见其首。

执今之道，以御今之有。以知古始，是胃（谓）道纪。

第五十九章
（传世本第十五章）

古之善为道者，微眇（妙）玄达，深不可志（识）。夫

唯不可志（识），故强为之容。曰：与（豫）呵其若冬涉水；

犹呵其若畏四邻；严呵其若客。涣呵其若凌（凌）泽（释）；

沌（敦）呵其若握（朴）。湷（混）呵其若浊。湉（旷）呵其若浴（谷）。浊而情（静）之余（徐）清，女（安）以重（动）之余（徐）生？葆（保）此道不欲盈，夫唯不欲盈，是以能褺（敝）而不成。

第六十章
（传世本第十六章）

至（致）虚，极也，守情（静），表（笃）也。万物旁（并）作，吾以观其复也。天（夫）物云云，各复归于其根，曰静。静是胃（谓）复命。复命，常也，知常，明也。不知常，帀（妄）；帀（妄）作，凶。知常容，容乃公，公乃王，王乃天，天乃道，道乃久，沕（没）身不怠（殆）。

第六十一章
（传世本第十七章）

太上，下知有之；其次，亲誉之；其次，畏之。其下，母（侮）之。信不足，案有不信。犹呵其贵言也。成功遂事，而百省（姓）胃（谓）：我自然。

第六十二章
（传世本第十八章）

故大道废，案有仁义；知（智）快（慧）出，案有大伪；六亲不和，案有畜（孝）兹（慈）；邦家闉（昏）乱，案有贞臣。

第六十三章
（传世本第十九章）

绝声（圣）弃知（智），民利百负（倍）；绝仁弃义，民复畜（孝）兹（慈）；绝巧弃利，盗贼无有。此三言也，以为文未足，故令之有所属。见素抱朴，少私而寡欲，绝学无忧。

第六十四章
（传世本第二十章）

唯与诃，其相去几何？美与恶，其相去何若？人之所畏，亦不可以不畏人。望呵，其未央才（哉）！众人𤋮𤋮（熙熙），如乡（飨）于太牢，而春登台。我泊焉未佻（兆）；若婴儿未咳。累呵，似无所归。众人皆有余，我独遗（匮）。我禺（愚）人之心也！蠢蠢（沌沌）呵。鬻（俗）人昭昭，我独若闷呵。

鬻（俗）人蔡蔡（察察），我独閲閲呵。忽呵，其若海，朢（恍）呵，其若无所止。众人皆有以，我独閲（顽）以悝（俚）。我欲独异于人，而贵食母。

第六十五章
（传世本第二十一章）

孔德之容，惟道是从。道之物，唯朢（恍）唯忽。沕（忽）呵望呵，中有象呵；朢（恍）呵忽呵，中有物呵。潕（幽）呵鸣（冥）呵，中有请（情）吔。其请（情）甚真，其中有信。自今及古，其名不去，以顺众仪。吾何以知众仪之然? 以此。

第六十六章
（传世本第二十四章）

炊（企）者不立，自视（是）者不章（彰），自见者不明，自伐者无功，自矜者不长。其在道，曰粽（余）食赘行。物或恶之，故有欲（裕）者弗居。

第六十七章

（传世本第二十二章）

曲则金（全），枉则定（正），洼则盈，敝则新，少则得，多则惑。是以声（圣）人执一，以为天下牧。不自视（是）故明（彰），不自见故章（明），不自伐故有功，弗矜故能长。夫唯不争，故莫能与之争。古之所胃（谓）"曲全"者，几（岂）语才（哉）！诚金（全）归之。

第六十八章

（传世本第二十三章）

希言自然。飘风不冬（终）朝，暴雨不冬（终）日。孰为此? 天地而弗能久，有（又）兄（况）于人乎? 故从事而道者同于道，德者同于德，者（失）者同于失。同于德者，道亦德之；同于失者，道亦失之。

第六十九章

（传世本第二十五章）

有物昆（混）成，先天地生。繡（寂）呵缪（寥）呵，独立而不玹（改），可以为天地母。吾未知其名，字之曰道。

吾强为之名曰大，大曰筮（逝），筮（逝）曰远，远曰反（返）。

道大，天大，地大，王亦大。国中有四大，而王居一焉。人法地，

地法天，天法道，道法自然。

第七十章
（传世本第二十六章）

重为巠（轻）根，清（静）为趮（躁）君。是以君子众（终）

日行，不蓠（离）其甾（辎）重。唯（虽）有环（营）官（观），

燕处则昭（超）若。若何万乘之王，而以身巠（轻）于天下？

巠（轻）则失本，趮（躁）则失君。

第七十一章
（传世本第二十七章）

武善行者无徹（辙）迹，善言者无瑕适（谪）。善数者

不以梼（筹）筹（策）；善闭者无闗（关）籥（鑰）而不可也，

善结者无绳约而不可解也。是以声（圣）人恒善怵（救）人，

而无弃人；物无弃财（材），是胃（谓）愲（袭）明。故善人，

善人之师；不善人，善人之斋（资）也。不贵其师，不爱其斋（资），唯（虽）知（智）乎大眯（迷），是胃（谓）眇（妙）要。

第七十二章
（传世本第二十八章）

知其雄，守其雌，为天下溪。为天下溪，恒德不鸡（离）。恒德不鸡（离），复归婴儿。知其日（荣），守其辱，为天下浴（谷）。为天下浴（谷），恒德乃足，恒德乃足，复归于朴。知其，守其黑，为天下式。为天下式，恒德不贷（忒），恒德不贷（忒），复归于无极。楃（朴）散则为器，（圣）人用则为官长，夫大制无割。

第七十三章
（传世本第二十九章）

将欲取天下而为之，吾见其弗得已。夫天下神器也，非可为者也。为者败之，执者失之。物或行或随，或炅（歔）或矬（吹），或杯（培）或撱（堕）。是以声（圣）人去甚，去大（泰），去楮（奢）。

第七十四章
（传世本第三十章）

以道佐人主，不以兵强于天下。其事好还。师之所居，楚朸（棘）生之。善者果而已矣，毋以取强焉。果而毋騳（骄），果而勿矜，果而勿伐，果而毋得已居，是胃（谓）果而不强。物壮而老，是胃（谓）之不道，不道蚤（早）已。

第七十五章
（传世本第三十一章）

夫兵者，不祥之器也，物或恶之，故有欲（裕）者弗居。君子居则贵左，用兵则贵右。故兵者非君子之器也，兵者不祥之器也，不得已而用之，铦袭（恬淡）为上。勿美也，若美之，是乐杀人也。夫乐杀人，不可以得志于天下矣。是以吉事上左，丧事上右。是以便（偏）将军居左，上将军居右。言以丧礼居之也。杀人众，以悲依（哀）立（泣）之，战胜，以丧礼处之。

第七十六章
（传世本第三十二章）

道恒无名，握（朴）唯（虽）小，而天下弗敢臣。侯王若能守之，万物将之宾。天地相谷（合），以俞（雨）甘洛（露），民莫之令而自均焉。始制有名，名亦既有，夫亦将知止，知止所以不殆。俾（譬）道之在天下也，犹小浴（谷）之与江海也。

第七十四七章
（传世本第三十三章）

知人者知（智）也，自知明也。朕（胜）人者有力也，自胜者强也。知足者富也，强行者有志也。不失其所者久也，死而不忘（亡）者寿也。

第七十八章
（传世本第三十四章）

道沨（泛）呵，其可左右也。成功遂事而弗名有也。万物归焉而弗为主，则恒无欲也，可名于小。万物归焉而弗为主，可名于大。是以声（圣）人之能成大也，以其不为大也，故能成大。

第七十九章
（传世本第三十五章）

执大象，天下往。往而不害，安平太。乐与饵，过格（客）止。故道之出言也，曰谈（淡）呵其无味也。视之不足见也，听之不足闻也，用之不可既也。

第八十章
（传世本第三十六章）

将欲拾（翕）之，必古（固）张之；将欲弱之，必古（固）强之；将欲去之，必古（固）与之；将欲夺之，必古（固）予之，是胃（谓）微明。友（柔）弱胜强。鱼不可脱于潚（渊），邦利器不可以视（示）人。

第八十一章
（传世本第三十七章）

道恒无名（为），侯王若守之，万物将自恣（化）。恣（化）

而欲作，吾将阗（镇）之以无名之朴。阗（镇）之以无名之朴，

夫将不辱（欲）。不辱（欲）以情（静），天地将自正。

附录一
老子生平、思想及评价

· 老子生平和思想

老子被誉为中国道家学派的创始人，他的思想对中国古代文化和世界哲学产生了深远的影响。

老子是中国春秋时期末期至战国时期初期的思想家和哲学家。他的生平事迹至今无法考证，因此，许多人都认为他是神话传说中的人物。传说中，老子可能于公元前 571 年出生在周朝的一个贵族家庭。

老子曾担任过周朝的图书管理工作，但他对官僚制度和社会的腐败感到失望。据说，他在晚年离开了朝廷，向西而去，从而开始了他的思想之旅，在边境的关口，应守关令的请求写下了道德经五千言，然后从此消失。

老子的思想主要体现在他的代表作——《道德经》中。这本书包含了五千多个汉字，是中国文化和哲学史上最为重要的著作之一。《道德经》以深邃的哲学思想和简洁的语言风格著称，其中最为著名的是其关于"道"的思想。

在老子的哲学中，道被视为万物的源头，是宇宙间的最高原则和存在方式。他认为，万物都是由道所创造的，并在道的支配下运行。道是不可言说的、不可思议的、无形无象的，但它却是所有存在的根源。

老子的思想强调了自然之道和人性之道的合一。他认为，人应该追求自然之道，去除自己身上的浮华和欲望，以达到心灵的平静和内心的自由。老子的思想强调个体的自由和内在的道德责任，他主张不以权力和名利为目的，而是要追求自己内心的道德和精神的成长。

老子的思想在中国哲学史上占有重要的地位。他的思想被称为"道家学派"，在中国哲学中与儒家和墨家并列为三大学派之一。在中国文化中，老子的影响也非常深远，他被尊称为"老子""太上老君""道家祖师"等，他的思想也被广泛运用于文学、艺术、医学、军事等领域。

老子的思想不仅对中国文化和哲学具有深远的影响，同时也在世界哲学史上具有重要地位。他的思想强调人与自然的关系，倡导"无为而治"，对西方哲学产生了一定的影响，雅斯贝尔斯在《大哲学家》一书中将苏格拉底、佛陀、孔子和耶稣列为"思想范式的创造者"，并把老子列入"原创性形而上学家"。

此外，老子的思想强调自然、自由和道德，反对专制，与现代民主自由的价值观存在一定的共通之处，鼓励人们追求内心的平静和自由，对现代社会和人类文明的发展也具有一定的启示意义。

在《道德经》中，老子提出了很多关于人生观、社会观和政治观的观点，这些观点深刻地影响了中国古代思想文化，并在一定程度上影响了现代社会和人类文明的发展。同时，老子的思想还提供了一些有价值的指导原则，例如"无为而治""以柔克刚""反其道而行之"等，这些原则对现代管理者仍然具有启示意义。

• 有关老子的评价及解读

吾今日见老子，其犹龙邪！

——孔子

《老子》全书，多有韵之文。

——韩非子

夫道，有情有信；无为无形；可传而不可受；可得而不可见；自本自根未有天地，自古以固存；神鬼神帝，生天生地，在太极之先而不为高；在六极之下而不为深；先天地而不为久，长于上古而不为老。

——庄子

道家使人精神专一，动合无形，赡足万物。其为术也，因阳之大顺，采儒墨之善，撮名法之要，与时迁移，应物变化，立俗施事，无所不宜，指约而易操，事少而功多。

——司马谈

庄子散道德放论，要亦归之自然。申之卑卑，施之于名实。韩子引绳墨切事情，明是非，其极惨礉少恩。皆原于道德之意，而老子深远矣！

——司马迁

伯阳五千言，读之甚有益，治身治国，并在其中。

——宋太宗

老子之学最忍，他闲时似个虚无卑弱底人，莫教紧要处发出来，更教你支捂不住……可畏！可畏！

——朱熹

目不自见，故能见物，镜不自照，故能照物。如使自见自照，则自为之不暇，而何暇及物哉。不自见，不自足，不自伐，不自矜，皆不争之余也。

——苏辙

圣人经世之书，而《老子》救世之书也。

——魏源

夫黄老之道，民主之国之所用也。故能"长而不宰"，"无为而无不为"。君主之国，未有能用黄老者也。汉之黄老，貌袭而取之耳。君主之利器，其惟儒术乎！

——严复

老子是中国哲学的鼻祖，是中国哲学史上第一位真正的哲学家。

——胡适

不读《老子》一书，就不知中国文化，不懂人生真谛。

——鲁迅

《老子》虽只五千言，但词要而趣远，语精而义深；运思浃于无名，立说超乎有相，凡宇宙之奥理，史乘之轨迹，物类之象征，人事之法仪，率以片言，摄其妙谛。

——高亨

老子常喜用具体事物为例，来说明抽象或形上的理论。这是《老子》一书的特点，也是老子高明之处。

——［意］贺荣一

老子称道的"上善"在于"无"，这种说教以"无"为"上善"，也就是一种通过与神格相融合、从而通过消灭人格而取得自我感觉消融于神格深渊之中的意识。中国哲学家为了具备这种状态的实感而把自己关闭在暗室之中，闭眼不看经验而一味沉思他们的"无"的概念，这的确是一个随之而瓦解了他们的理解力，使所有思维自身都趋于终结的概念。

——［德］康德

道为天地之本、万物之源。中国人把认识道的各种形式看作是最高的学术……。老子的著作，尤其是他的《道德经》，最受世人崇仰。

——［德］黑格尔

老子也认为，最高的得救是一种心灵状态，一种神秘的合一，而不是西方那种禁欲式的通过积极行动证明了的受恩状态。从外部看，这种状态同一切神秘主义一样。并不是理性的，而仅仅以心理为前提：普遍的无宇宙论的仁爱心情，使这种神秘主义者处在无动于衷的忘我状态中的无对象的快意的典型的伴生现象。这种无动于衷的忘我状态是他们所特有的，可能是老子创造的。

——［德］马克斯·韦伯

老子思想的集大成——《道德经》，像一个永不枯竭的井泉，满载宝藏，放下汲桶，唾手可得。

——［德］尼采

或许，除了《道德经》外，我们将要焚毁所有的书籍，而在《道德经》中寻得智慧的摘要。

——［美］成尔·杜兰特

在人类生存的任何地方，道家都是最早的一种哲学，它推断人类在获得文明的同时，已经打乱了己与"终极实在"精神的和谐相处，从而损害了己在宇宙中的地位。人类应该按照"终极实在"的精神生活、行为和存在。

——［英］汤因比

老子的"道"能解释为一种深刻意义上的"道路"，即"开出新的道路"，它的含义要比西方人讲的"理""精神""意义"等更原本，其中隐藏着"思想着的道说"或"语言"的"全部秘密之所在"。

——［德］海德格尔

中国人性格中有许多最吸引人的因素都来源于道家思想。中国如果没有道家思想，就像是一棵深根已经烂掉的大树。

——［英］李约瑟

•附：《史记·老子传》

老子者，楚苦县厉乡曲仁里人也，姓李氏，名耳，字聃，周守藏室之史也。

孔子适周，将问礼于老子。老子曰："子所言者，其人与骨皆已朽矣，独其言在耳。且君子得其时则驾，不得其时则蓬累而行。吾闻之，良贾深藏若虚，君子盛德容貌若愚。去子之骄气与多欲，态色与淫志，是皆无益于子之身。吾所以告子，若是而已。"孔子去，谓弟子曰："鸟，吾知其能飞；鱼，吾知其能游；兽，吾知其能走。走者可以为罔，游者可以为纶，飞者可以为矰。至于龙，吾不能知其乘风云而上天。吾今日见老子，其犹龙邪！"

老子修道德，其学以自隐无名为务。居周久之，见周之衰，乃遂去。至关，关令尹喜曰："子将隐矣，强为我著书。"于是老子乃著书上下篇，言道德之意五千余言而去，莫知其所终。

或曰：老莱子亦楚人也，著书十五篇，言道家之用，与孔子同时云。盖老子百有六十余岁，或言二百余岁，以其修道而养寿也。自孔子死之后百二十九年，而史记周太史儋见秦献公曰："始秦与周合，合五百岁而离，离七十岁而霸王者出焉。"或曰儋即老子，或曰非也，世莫知其然否。老子，隐君子也。

老子之子名宗，宗为魏将，封于段干。宗子注，注子宫，宫玄孙假，假仕于汉孝文帝。而假之子解为胶西王卬太傅，因家于齐焉。

附录二
唐陕西周至县楼观台《道德经》碑

第一章

道，可道，非常道；名，可名，非常名。无名，天地之始；有名，万物之母。常无欲，以观其妙；常有欲，以观其徼。此两者，同出而异名同谓之玄，玄之又玄，众妙之门。

第二章

天下皆知美之为美，斯恶已；皆知善之为善，斯不善已。故有无之相生，难易之相成，长短之相形，高下之相倾，音声之相和，前后之相随。是以圣人处无为之事，行不言之教。

万物作而辞，生而不有，为而不恃，功成不居。夫唯不居，是以不去。

第三章

不尚贤，使民不争。不贵难得之货，使民不为盗，不见可欲，使民不乱。是以圣人之治，虚其心，实其腹，弱其志，强其骨。恒使民无知无欲，使夫知者不敢为也。为无为，则无不治矣。

第四章

道冲，而用之或似不盈。渊兮！似万物之宗。挫其锐，解其纷，和其光，同其尘。湛兮！似或存。吾不知谁子，象帝之先。

第五章

天地不仁，以万物为刍狗；圣人不仁，以百姓为刍狗。天地之间，其犹橐龠乎？虚而不屈，动而愈出。多言数穷，不如守中。

第六章

谷神不死，是谓玄牝。玄牝之门，是谓天根。绵绵若存，用之不勤。

第七章

天长地久。天地所以能长且久者，以其不自生，故能长生。是以圣人，后其身而身先，外其身而身存。非以其无私邪？故能成其私。

第八章

上善若水。水善利万物又不争。处众人之所恶，故几于道。居善地，心善渊，与善仁，言善信，政善治，事善能，动善时。夫唯不争，故无尤。

第九章

持而盈之，不如其已；揣而锐之，不可常保。金玉满堂，莫之能守；富贵而侨自遗其咎。功成名遂，身退，天之道。

第十章

载营魄抱一，能无离乎？专气致柔，能如婴儿乎？涤除玄鉴，能无疵乎？爱民治国，能无为乎？天门开阖，能为雌乎？明白四达，能无知乎？生之，畜之，生而不有，为而不恃，长而不宰，是谓玄德。

第十一章

三十幅共一毂，当其无，有车之用；埏埴以为器，当其无，有器之用；凿户牖以为室，当其无，有室之用。故有之以为利，无之以为用。

第十二章

五色令人目盲，五音令人耳聋，五味令人口爽，驰骋田猎令人心发狂，难得之货令人行妨。是以圣人为腹不为目。故去彼取此。

第十三章

宠辱若惊。贵大患若身。何谓宠辱若惊？宠为下，得之若惊，失之若惊，是谓宠辱若惊。何谓贵大患若身？吾所以有大患者，为吾有身。及吾无身，吾有何患？故贵以身为天下，若可寄天下；爱以身为天下，若可托天下。

第十四章

视而不见，名曰夷；听之不闻，名曰希；搏之不得，名曰微。此三者不可致诘，故混而为一。其上不皦，其下不昧。绳绳不可名，复归于无物。是谓无状之状，无物之象，是谓惚恍。迎之不见其首，随之不见其后。执古之道，以御今之有。能知古始，是谓道纪。

第十五章

古之善为士者，微妙玄通，深不可识。夫唯不可识，故强为之容：豫若冬涉川，犹若畏四邻，俨若客，涣若冰将释。敦兮其若朴，旷兮其若谷，混兮其若浊。孰能浊以静之？徐清。孰能安以久动之？徐生。保此道者，不欲盈。夫唯不盈，故能弊不新成。

第十六章

至虚极，守静笃，万物并作，吾以观其复，夫物芸芸。各复归其根。归根曰静，静曰复命，复命曰常，知常曰明，不知常，妄作凶。知常容，容乃公，公乃王，王乃天，天乃道，道乃久，没身不殆。

第十七章

太上，下知有之，其次亲之誉之，其次畏之悔之。信不足，有不信，犹其贵言，功成事遂，百姓皆谓我自然。

第十八章

大道废，有仁义；智慧出，有大伪；六亲不和，有孝慈；国家昏乱，有忠臣。

第十九章

绝圣弃智，民利百倍；绝仁弃义，民复孝慈；绝巧弃利，盗贼无有。此三者，以为文不足，故令有所属，见素抱朴，少玄寡欲。

第二十章

绝学无忧。唯之与阿，相去几何？善之与忌，相去何若？人之所畏，不可不畏。荒兮其未央哉！众人熙熙，如享太牢，如春登台。我独泊兮其未兆，如婴儿之未孩,乘乘兮若无所归！众人皆有余，而我独若遗，我愚人之心也哉，沌沌兮！俗人昭昭，我独若昏；俗人察察，我独闷闷。忽若晦，寂兮似无所止。众人皆有以，我独顽似鄙。我独异于人，而贵求食于母。

第二十一章

孔德之容，唯道是从。道之为物，唯恍唯惚。惚兮恍，其中有象；恍兮惚，其中有物；杳兮冥，其中有精。其精甚真，其中有信。自古及今，其名不去，以阅众甫。吾何以知众甫之然哉？以此。

第二十二章

曲则全，枉则直；窪则盈，蔽则新；少则得，多则惑。是以圣人抱为天下式。不自见，故明；不自是，故彰；不自伐，故有功；不自矜，故长。夫唯不争，故天下莫能与之争。古之所谓曲则全者，岂虚言哉？诚全而归之。

第二十三章

希言自然。飘风不终朝，骤雨不终日。孰为此者？天地。天地尚不能久，而况于人乎？故从事于道者，道者同于道，德者同于德，失者同于失。同于道者，道亦得之；同于德者，德亦得之；同于失者，失亦得之。信不足，有不信。

第二十四章

跂者不立，跨者不行，自见者不明，自是者不彰，自伐者无功，自矜者不长。其于道也，曰余食赘行。物或恶之，故有道者不处。

第二十五章

有物混成，先天地生。寂兮寥兮，独立而不改，周行而不殆，可以为天下母。吾不知其名，强字之曰道；强为之名曰大。大曰逝，逝曰远，远曰反。故道大、天大、地大、王亦大。域中存四大，而王居其一焉。人法地，地法天，天法道，道法自然。

第二十六章

重为轻根，静为躁君。是以君子终日行，不离辐重。虽有荣观、燕处，超然。奈何万乘之主，而以身轻天下？轻则失臣，躁则失君，

第二十七章

善行无辙迹；善言无瑕谪；善计不用筹；善闭无关楗而不可开：善结无绳约而不可解。是以圣人常善救人，故无弃人；常善救物，故无弃物。是谓袭明。故善人不善人之师，不善人善人之资。不贵其师，不爱其资，虽智大迷，是谓要妙。

第二十八章

知其雄，守其雌，为天下溪。为天下溪，常德不离，复归于婴儿．知其白，守其黑，为天下式。为天下式，常德不忒，复归于无极。知其荣，守其辱，为天下谷。为天下谷，常德乃足，

复归于朴。朴散则为器．圣人用之，则为官长，故大制不割。

第二十九章

将欲取天下而为之，吾见其不得已。天下神器，不可为也。为者败之，执者失之。故物或行或随，或嘘或吹，或强或羸，或载或隳。是以圣人去甚、去奢、去泰。

第三十章

以道佐人主者，不以兵强天下，其事好还。师之所处，荆棘生焉。大军之后，必有凶年。故善者果而已，不敢以取强。果而勿矜，果而勿伐，果而勿骄，果而不得已，果而勿强。物壮则老，是谓不道，不道早已。

第三十一章

夫佳兵者，不祥之器。物或恶之，故有道者不处。君子居则贵左，用兵则贵右。兵者不祥之器，非君子之器，不得已而用之。恬惔为上。胜而不美，而美之者，是乐杀人。夫乐杀人者，不可得志于天下。吉事尚左，凶事尚右。偏将军居上，上将军居右。言以丧礼处之。杀人众多，以悲哀泣之，战胜则以丧礼处之。

第三十二章

道常无名，朴虽小，天下不敢臣，侯王若能守，万物将自宾。　天地相合，以降甘露，人莫之令而自均。始制有名，名亦既有，夫亦将知止。知止所以不殆。譬道之在天下，犹川谷之与江海。

第三十三章

知人者智，自知者明。胜人者有力，自胜者强。知足者富、强行者有志，不失其所者久，死而不亡者寿。

第三十四章

大道汛兮，其可左右。万物恃之以生而不辞，功成不名有。爱养万物而不为主。常无欲，可名于小；万物归之而不为主，可名于大。是以圣人终不为大，故能成其大。

第三十五章

执大象，天下往。往而不害，安平泰。乐与饵，过客止。道之出口，淡乎其无味。视之不足见，听之不足闻，用之不可既。

第三十六章

将欲歙之，必固张之；将欲弱之，必固强之；将欲废之，必固兴之：将欲夺之，必固与之。是谓微明。柔弱胜刚强。鱼不可脱于渊，国之利器，不可以示人。

第三十七章

道常无为而无不为。侯王若能守，万物将自化。化而欲作，吾将镇之以无名之朴。无名之朴，亦将不欲。不欲以静，天下将自正。

第三十八章

上德不德，是以有德；下德不失德，是以无德。上德无为而无以为；下德为之而有以为。上仁为之而无以为，上义为之而有以为。上礼为之而莫之应，则攘臂而扔之。故失道而后德，失德而后仁，失仁而后义．失义而后礼。夫礼者忠信之薄，而乱之首。前识者，道之华，而愚之始。是以大丈夫处其厚不居其薄，居其实不居其华，故去彼取此。

第三十九章

昔之得一者：天得一以清，地得一以宁，神得一以灵，谷得一以盈，万物得一以生，侯王得一以为天下正。其致之，天无以清将恐裂；地无以宁将恐发，神无以灵将恐歇，谷无以盈将恐竭，万物无以生将恐灭，侯王无以贵高将恐蹶。故贵以贱为本，高以下为基。是以侯王自谓孤、寡、不穀。此其以贱为本邪，非乎？故至数舆无舆。不欲琭琭如玉，落落如石。

第四十章

反者道之动，弱者道之用。天下之物生于有，有生于无。

第四十一章

上士闻道，勤而行之；中士闻道，若存若亡；下士闻道，大笑之；不笑不足以为道。建言有之，明道若昧，进道若退，夷道若类。上德若谷，大白若辱，广德若不足，建德若偷，质真若渝。大方无隅，大器晚成，大音希声，大象无形，道隐无名。夫唯道，善贷且成。

第四十二章

道生一，一生二，二生三，三生万物。万物负阴而抱阳，冲气以为和。人之所恶，唯孤、寡、不毂，而王公以为称。故物或损之而益，益之而损。人之所教，亦我义教之；强梁者不得其死，吾将以为教父。

第四十三章

天下之至柔，驰骋天下之至坚。无有入于无间。吾是以知无为之有益。不言之教，无为之益，天下希极之。

第四十四章

名与身孰亲？身与货孰多？得与亡孰病？是故甚爱必大费，多藏必厚亡。知足不辱，知止不殆，可以长久。

第四十五章

大成若缺，其用不弊；大盈若冲，其用不穷；大直若屈，大巧若拙，大辩若讷。躁胜寒，静胜热，清静为天下正。

第四十六章

天下有道，却走马以粪；天下无道，戎马生于郊。罪莫大于可欲，祸莫大于不知足，咎莫大于欲得。故知足之足，常足矣。

第四十七章

不出户，知天下；不窥牖，见天道。其出弥远，其知弥少。是以圣人不行而知，不见而名，不为而成。

第四十八章

为学日益，为道日损，以至于无为。无为而无不为。取天下常以无事；及其有事，不足以取天下。

第四十九章

圣人常无心，以百姓心为心。善者吾善之，不善者吾亦善之，德善。信者吾信之，不信者吾亦信之，德信。圣人在天下惵惵，为天下浑其心，百姓皆注其耳目，圣人皆孩之。

第五十章

出生入死。生之徒十有三，死之徒十有三，人之生，动之死地，十有三。夫何故？以其生生之厚。盖闻：善摄生者，陆行不遇兕虎，入军不被甲兵。兕无所投其角，虎无所措其爪，兵无所容其刃。夫何故？以其无死地。

第五十一章

道生之，德畜之，物形之，势成之。是以万物莫不尊道而贵德。道之尊，德之贵，夫莫之爵，而常自然。故道生之、畜之、长之育之、成之、熟之、养之、覆之。生而不有，为而不恃，长而不宰，是谓玄德。

第五十二章

天下有始，以为天下母。既得其母，以知其子。既知其子，复守其母。没身不殆。塞其兑，闭其门，终身不救。开其兑，济其事，终身不勤。见小曰明，守柔曰强。用其光，复归其明。

无遗身殃，是谓袭常

第五十三章

使我介然有知，行于大道，唯施是畏。大道甚夷，民甚好径。朝甚除，田甚芜，仓甚虚，服文采，带利剑，厌饮食，财货有余，是谓盗夸。非道也哉！

第五十四章

善建者不拔，善抱者不脱，子孙以祭祀不辍。修之身，其德乃真；修之家，其德乃余；修之乡，其德乃长，修之国，其德乃丰；修之天下，其德乃普。故以身观身，以家观家，以乡观乡，以国观国，以天下观天下。吾何以知天下之然哉？以此。

第五十五章

含德之厚，比于赤子。毒虫不螫，猛兽不据，攫鸟不搏，骨弱筋柔而握固。未知牝牡之合而峻作，精之至。终日号嗌而不嗄，和之至。知和曰常，知常曰明。益生曰祥，心使气曰强。物壮则老，是谓不道，不道早已。

第五十六章

知者不言，言者不知。塞其兑，闭其门；挫其锐，解其纷，和其光．同其尘，是谓玄同。故不可得而亲，不可得而疏，不可得而利，不可得而害，不可得而贵，不可得而贱，故为天下贵。

第五十七章

以正治国，以奇用兵，以无事以天下。吾何以知天下其然哉？　以此：天下多忌讳，而民弥贫；人多利器，国家滋昏；人多伎巧，奇物滋起；法令滋章，盗贼多有。故圣人云："我无为而民自化，我无事而民自富，我好静而民自正，我无欲而民自朴。"

第五十八章

其政闷闷，其民淳淳；其政察察，其民缺缺。祸兮福所倚，福兮祸所伏。孰知其极？　其无正邪！正复为奇，善复为妖。

民之迷，其日固久。是以圣人方而不割，廉而不刿，直而不肆，

光而不耀。

第五十九章

治人事天，莫若啬。夫唯啬，是谓早服，早服谓之重积德。

重积德则无不克；无不克则莫知其极；莫知其极，可以有国。

有国之母，可以长久。是谓深根、固蒂、长生、久视之道。

第六十章

治国大若烹小鲜。以道莅天下，其鬼不神；非其鬼不神，

其神不伤民；非其神不伤民，圣人亦不伤民。夫两不相伤，

故德交归焉。

第六十一章

大国者下流，天下之交，天下之交牝。牝常以静胜牡，

以静为下。故大国以下小国，则取小国；小国以下大国，则

取大国。故或下以取，或下而取。大国不过欲兼畜人，小国

不过欲入事人。夫两者各得所欲，故大者宜为下。

第六十二章

道者，万物之奥。善人之宝，不善人之所保。美言可以市，尊行可以加人。人之不善，何弃之有？故立天子，置三公，虽有拱璧，以先驷马，不如坐进此道。古之所以贵此道者何？不曰求以得，有罪以免邪！故为天下贵。

第六十三章

为无为，事无事，味无味。大小多少。报怨以德。图难于其易，为大于其细。天下难事必作于易，天下大事必作于细。是以圣人终不为大，故能成其大。夫轻诺必寡信，多易必多难。是以圣人犹难之，故终无难。

第六十四章

其安易持，其未兆易谋，其脆易破，其微易散。为之于未有，治之于未乱。合抱之木，生于毫末；九层之台，起于累土；千里之行，始于足下。为者败之，执者失之。是以圣人无为，故无败，无执，故无失。民之从事，常于几成而败之。慎终如始，则无败事。是以圣人欲不欲，不贵难得之货；学不学，复众人之所过。以辅万物之自然，而不敢为。

第六十五章

古之善为道者，非以明民，将以愚之。民之难治，以其智多。故以智治国，国之贼；不以智治国，国之福。知此两者，亦楷式。常知楷式，是谓玄德。玄德深矣，远矣，与物反矣，然后乃至大顺。

第六十六章

江海所以能为百谷王者，以其善下之，故能为百谷王。是以圣人欲上人，必以言下之；欲先人，以其身后之。是以处上而人不重，处前而人不害。是以天下乐推而不厌。以其不争，故天下莫能与之争

第六十七章

天下皆谓我道大，似不肖。夫唯大，故似不肖。若肖，

久矣其细也夫！我有三宝，而保持之：一曰慈，二曰俭，三曰不敢为天下先。夫慈，故能勇；俭，故能广；不敢为天下先，故能成器长。今舍其慈且勇，舍其俭且广，舍其后且先。死矣。夫慈，以战则胜，以守则固。天将救之，以慈卫之。

第六十八章

善为士者不武；善战者不怒，善胜敌者不争，善用人者为之下。是谓不争之德，是谓用人之力，是谓配天古之极。

第六十九章

用兵有言："吾不敢为主而为客，不敢进寸而退尺。"是谓行无行，攘无臂，仍无敌，执无兵，祸莫大于轻敌，轻敌则几丧吾宝。故抗兵相加，哀者胜矣。

第七十章

吾言甚易知，甚易行。天下莫能知，莫能行。言有宗，事有君。夫唯无知，是以不我知。知我者希，则我者贵。是以圣人被褐怀玉。

第七十一章

知不知，上；不知知，病；夫唯病病，是以不病。圣人不病，以其病病，是以不病。

第七十二章

民不畏威，则大威至。无狭其所居，无厌其所生。夫唯不厌，是以不厌。是以圣人自知不自见，自爱不自贵。故去彼取此。

第七十三章

勇于敢则杀，勇于不敢则活。知此两者，或利或害。天之所恶，孰知其故？是以圣人犹难之。天之道，不争而善胜，不言而善应，不召而自来， 繟然而善谋。天网恢恢，疏而不失。

第七十四章

民常不畏死，奈何以死惧之？若使民常畏死，而为奇者，吾得执而杀之。孰敢？常有司杀者杀。夫代司杀者杀，是谓代大匠斫。夫代大匠者斫，希有不伤其手矣。

第七十五章

民之饥，以其上食税之多，是以饥；民之难治，以其上之有为，是以难治。民之轻死，以其求生之厚，是以轻死。夫唯无以生为者，是贤于贵生。

第七十六章

民之生也柔弱，其死也坚强。万物草木生也柔脆，其死也枯槁。故坚强者死之徒，柔弱者生之徒。是以兵强则不胜，木强则共，强大处下，柔弱处上。

第七十七章

天之道，其犹张弓乎！高者抑之，下者举之，有余者损之，不足者与之。天之道，损有余而补不足；人之道则不然，损不足奉有余。孰能以有余奉天下？唯有道者。是以圣人为而不恃，功成不处，其不欲见贤。

第七十八章

天下柔弱莫过于水，而攻坚强者莫之能胜，其无以易之。

故柔胜刚，弱胜强，天下莫不知，莫能行。是以圣人言："受国之垢，是谓社稷主；受国不祥，是谓天下王。"正言若反。

第七十九章

和大怨，必有余怨。安可以为善？是以圣人执左契而不责于人。故有德司契，无德司彻。天道无亲，常与善人。

第八十章

小国寡民，使有什佰之器而不用。使民重死而不远徙。虽有舟舆，无所乘之；虽有甲兵，无所陈之。使民复结绳而用之。甘其食，美其服，安其居，乐其俗。邻国相望，鸡犬之音相闻，民至老死不相往来。

第八十一章

信言不美，美言不信；善者不辩，辩者不善；知者不博，博者不知. 圣人不积，既以为人，已愈有；既以与人，已愈多。天之道，利而不害：圣人之道，为而不争。

附录三
王弼本《道德经》

第一章

道可道，非常道。名可名，非常名。无名天地之始，有名万物之母。故常无欲，以观其妙；常有欲，以观其徼(jiào)。此两者同出而异名，同谓之玄，玄之又玄，众妙之门。

第二章

天下皆知美之为美，斯恶(è)已。皆知善之为善，斯不善已。故有无相生，难易相成，长短相较，高下相倾，音声相和(hè)，前后相随。是以圣人处无为之事，行不言之教；

万物作焉而不辞，生而不有，为而不恃， 功成而弗居。夫(fú)
唯弗居，是以弗去。

第三章

不尚贤，使民不争；不贵难得之货，使民不为盗；不见
可欲，使民心不乱。是以圣人之治，虚其心，实其腹， 弱
其志，强其骨。常使民无知无欲。使夫智者不敢为也。为无为，
则无不治。

第四章

道冲而用之或不盈，渊兮似万物之宗；挫其锐，解其纷，
和其光，同其尘，湛兮似或存。吾不知谁之子，象帝之先。

第五章

天地不仁，以万物为刍(chú)狗；圣人不仁，以百姓
为刍狗。天地之间，其犹橐龠(tuó yuè)乎? 虚而不屈，
动而愈出。多言数穷，不如守中。

第六章

谷神不死，是谓玄牝（pìn）。玄牝之门，是谓天地根。绵绵若存，用之不勤。

第七章

天长地久。天地所以能长且久者，以其不自生，故能长生。是以圣人后其身而身先；外其身而身存。非以其无私邪（yé），故能成其私。

第八章

上善若水。水善利万物而不争，处众人之所恶（wù），故几（jī）于道。居善地，心善渊，与善仁，言善信，正善治，事善能，动善时。夫唯不争，故无尤。

第九章

持而盈之，不如其已；揣而棁（ruì）之，不可长保。金玉满堂，莫之能守；富贵而骄，自遗其咎。功成身退，天之道也。

第十章

载（zài）营魄抱一，能无离乎？专气致柔，能婴儿乎？涤除玄览，能无疵乎？爱国治民，能无知（zhì）乎？天门开阖（hé），能为雌乎？明白四达，能无为乎？生之，畜（xù）之。生而不有，为而不恃，长（zhǎng）而不宰，是谓玄德。

第十一章

三十辐共一毂（gǔ），当其无，有车之用。埏埴（shān zhí）以为器，当其无，有器之用。凿户牖（yǒu）以为室，当其无，有室之用。故有之以为利，无之以为用。

第十二章

五色令人目盲，五音令人耳聋，五味令人口爽，驰骋（chíchěng）畋（tián）猎令人心发狂，难得之货令人行妨。是以圣人为腹不为目，故去彼取此。

第十三章

宠辱若惊，贵大患若身。何谓宠辱若惊？宠为下，得之若惊，失之若惊，是谓宠辱若惊。何谓贵大患若身？吾所以有大患者，为吾有身，及吾无身，吾有何患？故贵以身为天下，若可寄天下；爱以身为天下，若可托天下。

第十四章

视之不见名曰夷，听之不闻名曰希，搏之不得名曰微。此三者，不可致诘（jié），故混（hùn）而为一。其上不皦（jiǎo），其下不昧。绳绳（mǐn mǐn）不可名，复归于无物。是谓无状之状，无物之象，是谓惚恍。迎之不见其首，随之不见其后。执古之道，以御今之有。能知古始，是谓道纪。

第十五章

古之善为士者，微妙玄通，深不可识。夫唯不可识，故强（qiǎng）为之容：豫兮若冬涉川，犹兮若畏四邻，俨兮其若客，涣兮若冰之将释，敦兮其若朴，旷兮其若谷，浑兮其若浊。孰能浊以静之徐清？孰能安以久动之徐生？保此道者不欲盈，夫唯不盈，故能蔽不新成。

第十六章

致虚极，守静笃（dǔ）。万物并作，吾以观复。夫物芸芸，各复归其根。归根曰静，是曰复命。复命曰常，知常曰明。不知常，妄作凶。知常容，容乃公，公乃王（wàng），王（wàng）乃天，天乃道，道乃久，没（mò）身不殆。

第十七章

太上，下知有之。其次，亲而誉之。其次，畏之。其次，侮之。信不足焉，有不信焉。悠兮其贵言，功成事遂，百姓皆谓我自然。

第十八章

大道废，有仁义；智慧出，有大伪；六亲不和，有孝慈；国家昏乱，有忠臣。

第十九章

绝圣弃智，民利百倍；绝仁弃义，民复孝慈；绝巧弃利，盗贼无有。此三者以为文不足，故令有所属：见素抱朴，少私寡欲。

第二十章

绝学无忧，唯之与阿（ē），相去几何？善之与恶，相去若何？人之所畏，不可不畏。荒兮其未央哉！众人熙熙，如享太牢，如春登台。我独泊兮其未兆，如婴儿之未孩；儽儽（lěi lěi）兮，若无所归。众人皆有余，而我独若遗。我愚人之心也哉！沌沌（dùn dùn）兮，俗人昭昭，我独若昏。俗人察察，我独闷闷。澹兮其若海，飂（liù）兮若无止。众人皆有以，而我独顽似鄙。我独异于人，而贵食（sì）母。

第二十一章

孔德之容，惟道是从。道之为物，惟恍惟惚。惚兮恍兮，其中有象；恍兮惚兮，其中有物。窈（yǎo）兮冥兮，其中有精；其精甚真，其中有信。自今及古，其名不去，以阅众甫。吾何以知众甫之状哉？以此。

第二十二章

曲则全，枉则直，洼则盈，敝则新，少则得，多则惑。是以圣人抱一为天下式。不自见（xiàn）故明，不自是故彰，不自伐故有功，不自矜（jīn）故长（zhǎng）。夫唯不争，故天下莫能与之争。古之所谓曲则全者，岂虚言哉！诚全而归之。

第二十三章

希言自然。故飘风不终朝（zhāo），骤雨不终日。孰为此者？天地。天地尚不能久，而况于人乎？故从事于道者，道者同于道，德者同于德，失者同于失。同于道者，道亦乐得之；同于德者，德亦乐得之；同于失者，失亦乐得之。信不足焉，有不信焉。

第二十四章

企者不立，跨者不行，自见（xiàn）者不明，自是者不彰，自伐者无功，自矜（jīn）者不长（zhǎng）。其在道也，曰余食赘(zhuì)行。物或恶(wù)之,故有道者不处(chǔ)。

第二十五章

有物混（hùn）成,先天地生。寂兮寥兮,独立而不改,周行而不殆（dài）,可以为天下母。吾不知其名,字之曰道,强为之名曰大。大曰逝,逝曰远,远曰反。故道大,天大,地大,王亦大。域中有四大,而王居其一焉。人法地,地法天,天法道,道法自然。

第二十六章

重为轻根,静为躁君。是以圣人终日行不离辎（zī）重。虽有荣观,燕处（chù）超然。奈何万乘（shèng）之主,而以身轻天下? 轻则失本,躁则失君。

第二十七章

善行无辙（zhé）迹,善言无瑕谪（xiá zhé）;善数不用筹策;善闭无关楗（jiàn）而不可开,善结无绳约而不可解。是以圣人常善救人,故无弃人;常善救物,故无弃物，是谓袭明。故善人者，不善人之师；不善人者，善人之资。不贵其师，不爱其资，虽智大迷，是谓要妙。

第二十八章

知其雄，守其雌，为天下溪。为天下溪，常德不离，复归于婴儿。知其白，守其黑，为天下式。为天下式，常德不忒（tè），复归于无极。知其荣，守其辱，为天下谷，常德乃足，复归于朴。朴散则为器，圣人用之，则为官长，故大制不割。

第二十九章

将欲取天下而为之，吾见其不得已。天下神器，不可为也，为者败之，执者失之。故物或行或随，或歔（xū）或吹。或强或羸（léi），或挫或隳（huī）。是以圣人去甚，去奢，去泰。

第三十章

以道佐人主者，不以兵强天下。其事好（hào）还。师之所处，荆棘生焉。大军之后，必有凶年。善者果而已，不以取强。果而勿矜，果而勿伐，果而勿骄。果而不得已，果而勿强。物壮则老，是谓不道，不道早已。

第三十一章

夫佳兵者，不祥之器，物或恶（wù）之，故有道者不处（chǔ）。君子居则贵左，用兵则贵右。兵者不祥之器，非君子之器，不得已而用之，恬淡为上。胜而不美，而美之者，是乐杀人。夫乐杀人者，则不可以得志于天下矣。吉事尚左，凶事尚右。偏将军居左，上将军居右，言以丧（sāng）礼处之。杀人之众，以哀悲泣之，战胜，以丧礼处之。

第三十二章

道常无名，朴虽小，天下莫能臣也。侯王若能守之，万物将自宾。天地相合，以降甘露，民莫之令而自均。始制有名，名亦既有，夫亦将知止，知止所以不殆。譬（pì）道之在天下，犹川谷之于江海。

第三十三章

知人者智，自知者明。胜人者有力，自胜者强。知足者富。强行者有志。不失其所者久。死而不亡者寿。

第三十四章

大道氾（fàn）兮，其可左右。万物恃之而生而不辞，功成不名有。衣养万物而不为主，常无欲，可名于小；万物归焉而不为主，可名为大。以其终不自为大，故能成其大。

第三十五章

执大象，天下往。往而不害，安平太。乐（yuè）与饵，过客止。道之出口，淡乎其无味，视之不足见，听之不足闻，用之不可既。

第三十六章

将欲歙（xī）之，必固张之；将欲弱之，必固强之；将欲废之，必固兴之；将欲夺之，必固与之。是谓微明。柔弱胜刚强。鱼不可脱于渊，国之利器不可以示人。

第三十七章

道常无为而无不为，侯王若能守之，万物将自化。化而欲作，吾将镇之以无名之朴。无名之朴，夫亦将无欲。不欲以静，天下将自定。

第三十八章

上德不德，是以有德；下德不失德，是以无德。上德无为而无以为，下德为之而有以为。上仁为之而无以为，上义为之而有以为，上礼为之而莫之应，则攘（rǎng）臂而扔之。故失道而后德，失德而后仁，失仁而后义，失义而后礼。夫礼者，忠信之薄（bó）而乱之首。前识者，道之华而愚之始。是以大丈夫处其厚，不居其薄（bó）；处其实，不居其华。故去彼取此。

第三十九章

昔之得一者，天得一以清，地得一以宁，神得一以灵，谷得一以盈，万物得一以生，侯王得一以为天下贞。其致之。

天无以清将恐裂，地无以宁将恐发，神无以灵将恐歇，谷无
以盈将恐竭，万物无以生将恐灭，侯王无以贵高将恐蹶（jué）。
故贵以贱为本，高以下为基。是以侯王自称孤寡不谷。此非
以贱为本邪（yé）？非乎？故致数舆（yù）无舆，不欲琭（lù）
琭如玉，珞（luò）珞如石。

第四十章

反者，道之动；弱者，道之用。天下万物生于有，有生于无。

第四十一章

上士闻道，勤而行之；中士闻道，若存若亡；下士闻道，
大笑之。不笑，不足以为道。故建言有之：明道若昧，光而
不耀。进道若退，夷道若纇（lèi），上德若谷，大白若辱，
广德若不足，建德若偷，质真若渝（yú），大方无隅（yú），
大器晚成，大音希声，大象无形。道隐无名，夫唯道善贷且成。

第四十二章

道生一，一生二，二生三，三生万物。万物负阴而抱阳，

冲气以为和。人之所恶（wù），唯孤寡不谷，而王公以为称。故物或损之而益，或益之而损。人之所教（jiào），我亦教（jiào）之。强梁者不得其死，吾将以为教父。

第四十三章

天下之至柔，驰骋天下之至坚。无有入无间，吾是以知无为之有益。不言之教，无为之益，天下希及之。

第四十四章

名与身孰亲？身与货孰多？得与亡孰病？是故甚爱必大费，多藏必厚亡。知足不辱，知止不殆，可以长久。

第四十五章

大成若缺，其用不弊。大盈若冲，其用不穷。大直若屈，大巧若拙，大辩若讷（nè）。躁胜寒，静胜热。清静为天下正。

第四十六章

天下有道，却走马以粪；天下无道，戎马生于郊。祸莫大于不知足，咎（jiù）莫大于欲得，故知足之足，常足矣。

第四十七章

不出户，知天下；不窥（kuī）牖（yǒu），见天道。其出弥远，其知弥少。是以圣人不行而知，不见而名，不为而成。

第四十八章

为学日益，为道日损。损之又损，以至于无为。无为而无不为。取天下常以无事，及其有事，不足以取天下。

第四十九章

圣人无常心，以百姓心为心。善者，吾善之；不善者，吾亦善之，德善。信者，吾信之；不信者，吾亦信之，德信。圣人在天下歙歙（xī xī），为天下浑其心，百姓皆注其耳目，圣人皆孩之。

第五十章

出生入死。生之徒十有三，死之徒十有三。人之生动之死地，亦十有三。夫何故？以其生生之厚。盖闻善摄生者，陆行不遇兕（sì）虎，入军不被（pī）甲兵，兕无所投其角，虎无所措其爪（zhǎo），兵无所容其刃。夫何故？以其无死地。

第五十一章

道生之，德畜（xù）之，物形之，势成之。是以万物莫不尊道而贵德。道之尊，德之贵，夫莫之命而常自然。故道生之，德畜之。长之、育之、亭之、毒之、养之、覆之。生而不有，为而不恃，长（zhǎng）而不宰。是谓玄德。

第五十二章

天下有始，以为天下母。既得其母，以知其子；既知其子，复守其母，没（mò）身不殆。塞（sè）其兑，闭其门，终身不勤。开其兑，济其事，终身不救。见小曰明，守柔曰强。用其光，复归其明，无遗身殃，是为习常。

第五十三章

使我介然有知，行于大道，唯施（yí）是畏。大道甚夷，而民好径。朝（cháo）甚除，田甚芜，仓甚虚。服文彩，带利剑，厌饮食，财货有余，是为夸盗。非道也哉！

第五十四章

善建者不拔，善抱者不脱，子孙以祭祀不辍（chuò）。修之于身，其德乃真；修之于家，其德乃余；修之于乡，其德乃长（zhǎng）；修之于国，其德乃丰；修之于天下，其德乃普。故以身观身，以家观家，以乡观乡，以国观国，以天下观天下。吾何以知天下然哉? 以此。

第五十五章

含德之厚，比于赤子。蜂虿（chài）虺（huǐ）蛇不螫（shì），猛兽不据，攫（jué）鸟不搏。骨弱筋柔而握固，未知牝牡之合而全作，精之至也。终日号而不嗄（shà），和之至也。知和曰常，知常曰明。益生曰祥。心使气曰强。物壮则老，谓之不道，不道早已。

第五十六章

知（zhì）者不言，言者不知（zhì）。塞（sè）其兑，闭其门，挫其锐，解其分，和其光，同其尘，是谓玄同。故不可得而亲，不可得而疏；不可得而利，不可得而害；不可得而贵，不可得而贱，故为天下贵。

第五十七章

以正治国，以奇用兵，以无事取天下。吾何以知其然哉？以此。天下多忌讳，而民弥贫；民多利器，国家滋昏；人多伎（jì）巧，奇物滋起；法令滋彰，盗贼多有。故圣人云："我无为而民自化，我好静而民自正，我无事而民自富，我无欲而民自朴。"

第五十八章

其政闷闷（mēn），其民淳淳；其政察察，其民缺缺。祸兮福之所倚，福兮祸之所伏。孰知其极？其无正。正复为奇，善复为妖。人之迷，其日固久。是以圣人方而不割，廉而不列（guì），直而不肆（sì），光而不耀。

第五十九章

治人事天莫若啬（sè）。夫唯啬，是谓早服。早服谓之重积德，重积德则无不克，无不克则莫知其极，莫知其极，可以有国。有国之母，可以长久。是谓深根固柢（dǐ），长生久视之道。

第六十章

治大国若烹（pēng）小鲜。以道莅（lì）天下，其鬼不神。非其鬼不神，其神不伤人；非其神不伤人，圣人亦不伤人。夫两不相伤，故德交归焉。

第六十一章

大国者下流。天下之交，天下之牝。牝常以静胜牡，以静为下。故大国以下小国，则取小国；小国以下大国，则取大国。故或下以取，或下而取。大国不过欲兼畜（xù）人，小国不过欲入事人，夫两者各得其所欲，大者宜为下。

第六十二章

道者万物之奥，善人之宝，不善人之所保。美言可以市，尊行可以加人。人之不善，何弃之有？故立天子，置三公，虽有拱璧以先驷马，不如坐进此道。古之所以贵此道者何？不曰：以求得，有罪以免邪（yé）？故为天下贵。

第六十三章

为无为，事无事，味无味。大小多少，报怨以德。图难于其易，为大于其细。天下难事必作于易，天下大事必作于细。是以圣人终不为大，故能成其大。夫轻诺必寡信，多易必多难，是以圣人犹难之。故终无难矣。

第六十四章

其安易持，其未兆易谋，其脆易泮（pàn），其微易散。为之于未有，治之于未乱。合抱之木，生于毫末；九层之台，起于垒土；千里之行，始于足下。为者败之，执者失之。是以圣人无为，故无败；无执，故无失。民之从事，常于几成而败之。慎终如始，则无败事。是以圣人欲不欲，不贵难得之货。学不学，复众人之所过。以辅万物之自然，而不敢为。

第六十五章

古之善为道者，非以明民，将以愚之。民之难治，以其智多。故以智治国，国之贼；不以智治国，国之福。知此两者，亦稽（jī）式。常知稽（jī）式，是谓玄德。玄德深矣，远矣，与物反矣，然后乃至大顺。

第六十六章

江海所以能为百谷王者，以其善下之，故能为百谷王。是以欲上民，必以言下之；欲先民，必以身后之。是以圣人处上而民不重，处前而民不害，是以天下乐推而不厌。以其不争，故天下莫能与之争。

第六十七章

天下皆谓我道大，似不肖。夫唯大，故似不肖（xiào）。若肖，久矣其细也夫。我有三宝，持而保之。一曰慈，二曰俭，三曰不敢为天下先。慈，故能勇；俭，故能广；不敢为天下先，故能成器长（zhǎng）。今舍慈且勇，舍俭且广，舍后且先，死矣！夫慈，以战则胜，以守则固，天将救之，以慈卫之。

第六十八章

善为士者不武，善战者不怒，善胜敌者不与，善用人者为之下。是谓不争之德，是谓用人之力，是谓配天，古之极。

第六十九章

用兵有言，吾不敢为主而为客，不敢进寸而退尺。是谓行无行，攘（rǎng）无臂，扔无敌，执无兵。祸莫大于轻敌，轻敌几丧吾宝。故抗兵相加，哀者胜矣。

第七十章

吾言甚易知，甚易行，天下莫能知，莫能行。言有宗，事有君。夫唯无知，是以不我知。知我者希，则我者贵，是以圣人被（pī）褐怀玉。

第七十一章

知不知，上；不知知，病。夫唯病病，是以不病。圣人不病，以其病病，是以不病。

第七十二章

民不畏威，则大威至。无狎（xiá）其所居，无厌（yā）其所生。夫唯不厌（yā），是以不厌（yàn）。是以圣人自知，不自见；自爱，不自贵。故去彼取此。

第七十三章

勇于敢则杀，勇于不敢则活。此两者，或利或害。天之所恶（wù），孰知其故？是以圣人犹难之。天之道，不争而善胜，不言而善应，不召而自来，繟（chǎn）然而善谋。天网恢恢，疏而不失。

第七十四章

民不畏死，奈何以死惧之？若使民常畏死，而为奇者，吾得执而杀之，孰敢？常有司杀者杀，夫代司杀者杀，是谓代大匠斲（zhuó）。夫代大匠斲者，希有不伤其手矣。

第七十五章

民之饥，以其上食税之多，是以饥。民之难治，以其上之有为，是以难治。民之轻死，以其求生之厚，是以轻死。夫唯无以生为者，是贤于贵生。

第七十六章

人之生也柔弱，其死也坚强。万物草木之生也柔脆，其死也枯槁（gǎo）。故坚强者死之徒，柔弱者生之徒。是以兵强则不胜，木强则兵。强大处下，柔弱处上。

第七十七章

天之道，其犹张弓与？高者抑之，下者举之；有余者损之，不足者补之。天之道，损有余而补不足。人之道则不然，损不足以奉有余。孰能有余以奉天下，唯有道者。是以圣人为而不恃，功成而不处（chǔ），其不欲见（xiàn）贤。

第七十八章

天下莫柔弱于水，而攻坚强者莫之能胜，其无以易之。弱之胜强，柔之胜刚，天下莫不知，莫能行。是以圣人云："受国之垢，是谓社稷主；受国不祥，是为天下王。"正言若反。

第七十九章

和大怨，必有余怨，安可以为善？是以圣人执左契，而不责于人。有德司契，无德司彻。天道无亲，常与善人。

第八十章

小国寡民。使有什（shí）伯（bǎi）之器而不用，使民重（zhòng）死而不远徙（xǐ）。虽有舟舆（yú），无所乘之；虽有甲兵，无所陈之。使人复结绳而用之。甘其食，美其服，安其居，乐其俗。邻国相望，鸡犬之声相闻，民至老死不相往来。

第八十一章

信言不美，美言不信。善者不辩，辩者不善。知（zhī）

者不博，博者不知（zhì）。圣人不积，既以为人己愈有，

既以与人己愈多。天之道，利而不害。圣人之道，为而不争。